Língua Espanhola

Maria Cristina G. Pacheco
Pesquisadora, licenciada em pedagogia e artes plásticas; docente de língua inglesa e de língua espanhola em diversas instituições de ensino em São Paulo; autora de livros didáticos e paradidáticos em línguas estrangeiras.

María R. de Paula González
Docente em língua inglesa e espanhola; coordenadora em vários cursos de idiomas em São Paulo.

4º ano
Ensino Fundamental

3ª edição
São Paulo
2015

Coleção Eu gosto m@is
Língua Espanhola 4º ano
© IBEP, 2015

Diretor superintendente	Jorge Yunes
Diretora editorial	Célia de Assis
Gerente editorial	Maria Rocha Rodrigues
Coordenadora editorial	Simone Silva
Assessoria pedagógica	Valdeci Loch
Analista de conteúdo	Cristiane Guiné
Editor	Ricardo Soares
Assistentes editoriais	Andrea Medeiros, Juliana Gardusi, Helcio Hirao
Coordenadora de revisão	Helô Beraldo
Revisão	Beatriz Hrycylo, Cássio Dias Pelin, Fausto Alves Barreira Filho, Luiz Gustavo Bazana, Rosani Andreani, Salvine Maciel, Thiago Dias, Luana Renata Pinheiro Dias
Secretaria editorial e Produção gráfica	Fredson Sampaio
Assistentes de secretaria editorial	Carla Marques, Karyna Sacristan, Mayara Silva
Assistentes de produção gráfica	Ary Lopes, Eliane Monteiro, Elaine Nunes
Coordenadora de arte	Karina Monteiro
Assistentes de arte	Aline Benitez, Gustavo Prado Ramos, Marilia Vilela, Thaynara Macário
Coordenadora de iconografia	Neuza Faccin
Assistentes de iconografia	Bruna Ishihara, Camila Marques, Victoria Lopes, Wilson de Castilho
Ilustração	Lie Kobayashi, Ivan Coutinho
Processos editoriais e tecnologia	Elza Mizue Hata Fujihara
Projeto gráfico e capa	Departamento de Arte - IBEP
Ilustração da capa	Manifesto Game Studio
Diagramação	SG-Amarante Editorial

CIP-BRASIL. CATALOGAÇÃO-NA-FONTE
SINDICATO NACIONAL DOS EDITORES DE LIVROS, RJ

G624L
3. ed.

    González, María R. de Paula
    Língua espanhola, 4º ano : ensino fundamental / María R. de Paula González. – 3. ed. – São Paulo : IBEP, 2015.
      il. ; 28 cm.   (Eu gosto mais)

ISBN 9788534244091 (aluno) / 9788534244107 (mestre)

1. Língua espanhola – Estudo e ensino (Ensino fundamental). I. Título. II. Série.

15-21636   CDD: 372.6561
                              CDU: 373.3.016=134.2

06/04/2015   10/04/2015

Impressão e Acabamento
Oceano Indústria Gráfica e Editora Ltda
Rua Osasco, 644 - Rod. Anhanguera, Km 33
CEP 07753-040 - Cajamar - SP
CNPJ: 67.795.906/0001-10

3ª edição – São Paulo – 2015
Todos os direitos reservados

Av. Alexandre Mackenzie, 619 – Jaguaré
São Paulo – SP – 05322-000 – Brasil – Tel.: (11) 2799-7799
www.editoraibep.com.br   editoras@ibep-nacional.com.br

APRESENTAÇÃO

Bem-vindos!

Como autoras da Coleção **Eu gosto m@is – Língua Espanhola**, esperamos que alunos, pais e professores possam desfrutá-la desde a primeira aula.

Brincando e aprendendo, desenhando e pintando, lendo, ouvindo, falando e escrevendo, vamos aprender espanhol.

Aprenderemos este idioma para melhorar nossa comunicação, para ampliar nosso conhecimento e ser, a cada dia, cidadãos mais integrados no mundo.

AS AUTORAS

ÍNDICE DE CONTENIDOS

LECCIÓN		PÁGINA
1	**Este es mi país** (Este é o meu país) • Contenido lingüístico: hablar de nacionalidades, los gentilicios; el español en el mundo. • Contenido gramatical: verbos ser, hablar, llamarse; pretérito indefinido de indicativo (nacer).	6
2	**Encuentro de dos mundos** (Encontro de dois mundos) • Contenido lingüístico: el descubrimiento de América. • Contenido gramatical: verbos en pretérito indefinido; adverbios de tiempo.	16
	Revisión (Revisão)	28
3	**Literatura española** (Literatura espanhola) • Contenido lingüístico: la literatura de España. • Contenido gramatical: pretérito indefinido de verbos irregulares.	30
4	**¡Muchas aventuras en México!** (Muitas aventuras no México!) • Contenido lingüístico: hacer descripciones, hablar de deportes de aventuras. • Contenido gramatical: uso del "hay que" expresando obligación.	38
	Revisión (Revisão)	52

LECCIÓN		PÁGINA

5 **¿Te gusta el fútbol?** — 54
(Você gosta de futebol?)
- Contenido lingüístico: conocer un poco de la Argentina.
- Contenido gramatical: gerundio y estar + gerundio; pronombres interrogativos.

6 **Las naciones indígenas de América** — 66
(As nações indígenas da América)
- Contenido lingüístico: las culturas precolombinas.
- Contenido gramatical: el pretérito perfecto.

Revisión — 78
(Revisão)

7 **Uruguay, el pequeño gran país** — 80
(Uruguai, o pequeno grande país)
- Contenido lingüístico: conocer un poco del Uruguay.
- Contenido gramatical: adverbios de tiempo; contraste entre pretéritos.

8 **De vacaciones** — 88
(De férias)
- Contenido lingüístico: hablar sobre vacaciones y viajes.
- Contenido gramatical: futuro (ir + a + infinitivo); verbos reflexivos marcharse, quedarse; verbos cumplir, invitar.

Revisión — 99
(Revisão)

Glosario — 102
(Glossário)

Actividades complementarias — 105
(Atividades complementares)

LECCIÓN 1
Este es mi país
(Este é o meu país)

Escucha y lee.
(Escute e leia.)

Julieta:	Hernando ¿tu **papá** es brasileño?
Hernando:	No, es de Argentina. ¿Y el **tuyo**?
Julieta:	Es **brasileño**. Y, tu madre, ¿Es argentina también?
Hernando:	No, ella es brasileña. **Nació** en São Paulo.
Julieta:	Mi abuela materna es portuguesa y mi abuelo paterno es italiano. ¿Y los tuyos?
Hernando:	Mis abuelos paternos son argentinos y mis abuelos maternos son brasileños, pero sus padres son españoles.
Julieta:	¿Y eres de São Paulo?
Hernando:	Sí, ¿y tú?
Julieta:	No, yo nací en Curitiba.

VOCABULARIO

brasileño: brasileiro.   **nació:** nasceu.   **papá:** papai.   **tuyo:** teu.

LÍNGUA ESPANHOLA

ACTIVIDADES

1 Completa las frases según el texto.
(Complete as frases segundo o texto.)

a) El padre de Hernando nació en _____.

b) Su madre nació en _____.

c) El papá de Julieta nació en _____.

d) La abuela de Julieta es de _____ y el abuelo de _____.

e) Los abuelos paternos de Hernando son _____ y los abuelos maternos son _____.

f) Julieta nació en _____.

g) Hernando nació en _____.

2 Ahora, contesta las siguientes preguntas sobre ti mismo.
(Agora, responda as seguintes perguntas sobre você mesmo.)

a) Yo nací en _____.

b) Mi padre nació en _____.

c) Mi madre nació en _____.

d) ¿De dónde son tus abuelos paternos?
_____

e) ¿Y los abuelos maternos?
_____

7

3 Lee y completa las frases.
(Leia e complete as frases.)

a) Pedro nació en _____. Es guatemalteco.

b) Graciela nació en Argentina. Es _____.

c) Los chicos son _____. Nacieron en Brasil.

4 ¡Ahora te toca a ti! Relaciona los países con los gentilicios.
(Agora é a sua vez. Relacione os países com os adjetivos pátrios.)

países	gentilicios
a) Guatemala	( ) argentino(a)
b) Paraguay	( ) uruguayo(a)
c) Puerto Rico	( ) paraguayo(a)
d) Nicaragua	( ) panameño(a)
e) Panamá	( ) salvadoreño(a)
f) Ecuador	( ) peruano(a)
g) Cuba	( ) boliviano(a)
h) México	( ) mejicano(a)/mexicano(a)
i) Perú	( ) brasileño(a)
j) Bolivia	( ) guatemalteco(a)
k) Colombia	( ) colombiano(a)
l) Venezuela	( ) costarricense/costarriqueño(a)
m) Brasil	( ) chileno(a)
n) Honduras	( ) venezolano(a)
ñ) Argentina	( ) ecuatoriano(a)
o) Uruguay	( ) puertorriqueño(a)
p) El Salvador	( ) hondureño(a)
q) Chile	( ) nicaragüense
r) Costa Rica	( ) cubano(a)

5 Vamos a estudiar algunos verbos y a practicarlos.
(Vamos estudar alguns verbos e praticá-los.)

verbos	
nacer (pasado)	**hablar (presente)**
Yo nací	Yo hablo
Tú naciste	Tú hablas
Él/Ella/Ud. nació	Él/Ella/Ud. habla
Nosotros nacimos	Nosotros hablamos
Vosotros nacisteis	Vosotros habláis
Ellos/Ellas/Uds. nacieron	Ellos/Ellas/Uds. hablan

verbos	
llamarse (presente)	**ser (presente)**
Yo me llamo	Yo soy
Tú te llamas	Tú eres
Él/Ella/Ud. se llama	Él/Ella/Ud. es
Nosotros nos llamamos	Nosotros somos
Vosotros os llamáis	Vosotros sois
Ellos/Ellas/Uds. se llaman	Ellos/Ellas/Uds. son

Ud. = Usted
Uds. = Ustedes

Modelo:

a) Yo **me llamo** Ana. (llamarse)
   Nací en **Panamá**, (nacer)
   hablo español. (hablar)

Panamá

b) Él _____ Roberto. **(llamarse)**

_____ **(nacer)** en _____,

_____ **(hablar)** _____.

Guatemala

c) María _____ **(ser)** _____.

_____ **(nacer)** en _____,

_____ **(hablar)** _____.

Argentina

d) Ana y Cristina _____ **(ser)** _____.

_____ **(nacer)** en _____,

_____ **(hablar)** _____.

México

e) Lia y Flávia _____ **(ser)** _____.

_____ **(nacer)** en _____,

_____ **(hablar)** _____.

Brasil

f) Nosotros _____ **(ser)** _____.

_____ **(nacer)** en _____,

_____ **(hablar)** _____.

Colombia

g) Juan y Pedro _____ **(nacer)** en _____.

_____ **(ser)** _____,

_____ **(hablar)** _____.

Chile

6 Lee y haz una lista de los países donde no se habla español según el texto.
(Leia e liste os países onde não se fala espanhol segundo o texto.)

> El idioma español nació en España, Europa. Se habla español en México (América del Norte) y en toda Centroamérica, menos en Belice. En Sudamérica, se habla español en la mayoría de los países, menos en Brasil, Surinam, Guayana y Guayana Francesa. Se habla español en las grandes islas de las Antillas o Caribe: Cuba, Puerto Rico y República Dominicana.

____

____

7 Busca dónde nacieron estas personas.
(Pesquise onde nasceram estas pessoas.)

a) Messi

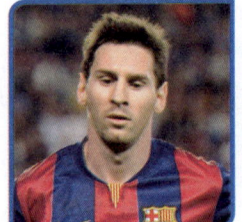

Messi nació en ____________________. Es ____________________.

NATURSPORTS/SHUTTERSTOCK

b) Shakira

____

HELGA ESTEB/SHUTTERSTOCK

c) Ricky Martin

____

DFREE/SHUTTERSTOCK

d) Thalia

____

DEBBY WONG/SHUTTERSTOCK

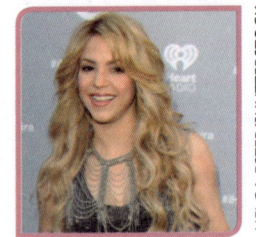

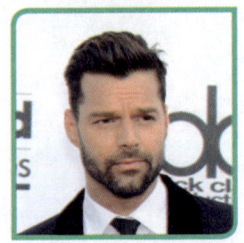

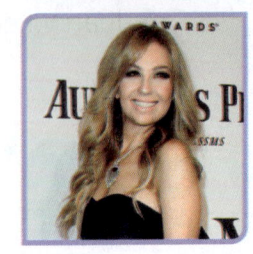

8 Escucha y completa la biografía de Elena de Avalor. Marca las alternativas correctas con una ✓.
(Escute e complete a biografia de Elena de Avalor. Marque as alternativas corretas com um ✓.)

a) ☐ La princesa nació en la República Dominicana.

☐ La princesa nació en España.

☐ La princesa nació en los Estados Unidos.

b) ☐ Ella habla inglés y tiene 15 años de edad.

☐ Ella habla español y tiene 17 años de edad.

☐ Ella habla español y tiene 16 años de edad.

c) La actriz que hace la voz de la princesa nació en:

☐ Avalor.

☐ los Estados Unidos.

☐ la República Dominicana.

9 Encuentra nueve nacionalidades en la sopa de letras.
(Encontre nove nacionalidades no caça-palavras.)

A	Z	Q	R	S	T	W	X	B	P	N	U
Ñ	O	S	T	U	V	Q	P	Y	E	J	C
F	G	R	M	K	J	I	H	A	R	T	U
L	A	T	A	S	I	Ñ	O	E	U	O	B
A	P	E	R	I	O	L	G	J	A	G	A
U	R	U	G	U	A	Y	O	E	N	F	N
Y	O	V	E	N	E	Z	O	L	A	N	A
T	E	A	N	O	L	M	Ñ	O	P	T	B
G	U	A	T	E	M	A	L	T	E	C	O
A	C	H	I	L	E	N	O	J	K	O	L
G	O	A	N	A	P	I	L	A	T	A	I
T	A	Y	O	S	L	U	V	Y	O	F	V
L	N	Ñ	P	Q	S	R	T	V	I	O	I
E	O	I	M	Ñ	V	A	C	T	A	L	A
H	O	N	D	U	R	E	Ñ	O	H	A	N
V	A	Q	U	Y	F	G	I	H	K	J	O

- Escribe las nacionalidades que encontraste.
(Escreva as nacionalidades que você encontrou.)

_____   _____   _____

_____   _____   _____

_____   _____   _____

10 Elije un país hispanohablante y preséntalo a tus compañeros.
(Escolha um país onde se fale espanhol e apresente-o a seus colegas.)

Te invito a conocer: _____.

La bandera:

Imágenes o textos (comida, música, danzas):

11 Arma el juego de las banderas latinoamericanas. Ve a las páginas 107, 109 y 111.
(Monte o jogo das bandeiras. Vá para as páginas 107, 109 e 111.)

LECCIÓN 2

Encuentro de dos mundos
(Encontro de dois mundos)

Escucha y lee.
(Escute e leia.)

Después de muchos preparativos, en agosto de 1492, partió la 1ª expedición de Cristóbal Colón **rumbo** a las Islas Canarias desde el puerto español Palos de la Frontera, rumbo a Asia.

Navegaron en tres **embarcaciones**: la Pinta, la Niña y la Santa María. El 12 de octubre del mismo año Colón **divisó** una luz en la Isla San Salvador y gritó ¡tierra!: Colón había llegado a América.

Llegada de Cristóbal Colón a América en 1492. Grabado de Theodor de Bry, hecho en 1594.

En verdad, Colón **creyó** haber **llegado** a la India en Asia.

En conmemoración al descubrimiento de América, el 12 de octubre se celebra el Día de la Raza.

Al llegar los españoles se encontraron con los indígenas de la región y esta **mezcla** resultó en la población mestiza de América. Colón **volvió** para España e hizo otras tres expediciones hacia América, llegando a otras regiones como Panamá, Cuba y Haití.

En 1500, el navegador portugués Pedro Álvares Cabral llegó a las tierras que **hoy** llamamos Brasil.

Texto hecho especialmente para el libro.

VOCABULARIO

creyó: acreditou.
divisó: avistou/viu.
embarcaciones: barcos.
hoy: hoje.
llegado: chegado.
mezcla: mistura.
rumbo: rumo.
volvió: voltou.

ACTIVIDADES

1 Contesta las preguntas sobre el texto.
(Responda as perguntas sobre o texto.)

a) ¿Cuándo llegó Cristóbal Colón a América?

____.

b) El Día de la Raza es el día que se conmemora el ______________________

____.

c) ¿Cómo se llamaban las embarcaciones de Colón?

____.

d) ¿Qué navegador llegó a Brasil? ¿Cuándo?

____.

MUSEU PAULISTA/USP

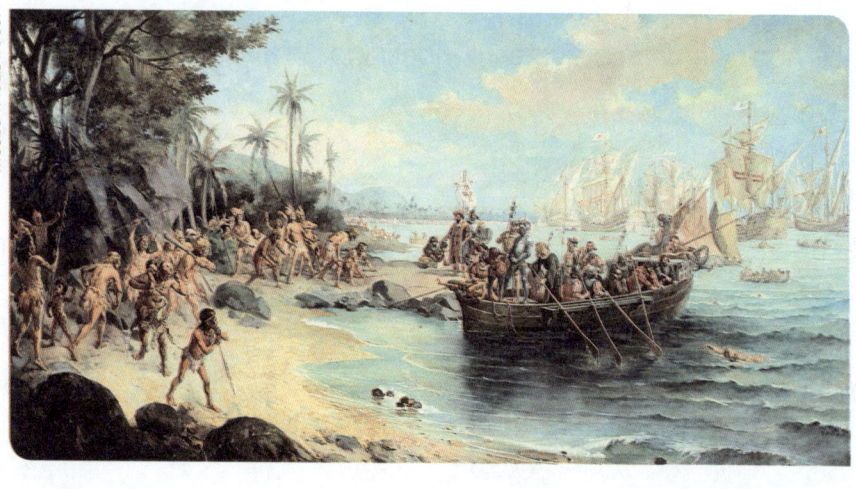

Llegada de la flota de Cabral a la costa brasileña. Pintura de Oscar Pereira da Silva (*Desembarque de Pedro Álvares Cabral em Porto Seguro em 1500*, óleo sobre lienzo 190 × 330 cm).

Vamos a conocer el Pretérito Indefinido.
(Vamos conhecer o Pretérito Indefinido)

Estas frases están en el texto "Encuentro de dos mundos":

> "En agosto de 1492, **partió** la 1ª expedición de Cristóbal Colón," [...]
> "**Navegaron** en tres embarcaciones:" [...]
> [...] "Colón **gritó** ¡tierra!:" [...]

Todas se refieren al pasado, a la época del descubrimiento, y los verbos están conjugados en el Pretérito Indefinido.

partió	verbo partir
navegaron	verbo navegar
gritó	verbo gritar

¿Cuándo lo usamos?
(Quando usamos?)

- Usamos el Pretérito Indefinido cuando mostramos acciones terminadas en el pasado.

    Ejemplos: El año pasado **estudié** mucho.
    En el 2014 **volví** de los EEUU.
    Ayer **descubrimos** la verdad.
    Anteayer mi abuela me **llamó** por teléfono.
    El último fin de semana **compré** un coche.

- Con adverbios de tiempo que usan el Pretérito Indefinido.
    El año pasado...
    El mes pasado...
    La semana pasada...
    En 1999, 2004, 2010...
    Ayer
    Anteayer
    El último fin de semana...
    El último martes...

	verbo		
	partir	**navegar**	**creer**
Yo	partí	navegué	creí
Tú	partiste	navegaste	creíste
Él/Ella/Ud.	partió	navegó	creyó
Nosotros	partimos	navegamos	creímos
Vosotros	partisteis	navegasteis	creísteis
Ellos/Ellas/Uds.	partieron	navegaron	creyeron

	verbos terminados en		
	AR	**ER**	**IR**
	gritar	**volver**	**descubrir**
Yo	grité	volví	descubrí
Tú	gritaste	volviste	descubriste
Él/Ella/Ud.	gritó	volvió	descubrió
Nosotros	gritamos	volvimos	descubrimos
Vosotros	gritasteis	volvisteis	descubristeis
Ellos/Ellas/Uds.	gritaron	volvieron	descubrieron

	verbo			
	estudiar	**ir**	**tomar**	**ver**
Yo	estudié	fui	tomé	vi
Tú	estudiaste	fuiste	tomaste	viste
Él/Ella/Ud.	estudió	fue	tomó	vio
Nosotros	estudiamos	fuimos	tomamos	vimos
Vosotros	estudiasteis	fuisteis	tomasteis	visteis
Ellos/Ellas/Uds.	estudiaron	fueron	tomaron	vieron

2 Encuentra formas en el pasado de los siguientes verbos. Transcríbelos.
(Encontre a forma no passado dos seguintes verbos. Transcreva-os.)

| partir | estudiar | ir | descubrir |
| ver | gritar | tomar | volver |

Í	V	I	Ñ	B	A	É	B	S	P	G	D
E	N	M	F	A	D	K	E	J	A	I	Q
P	G	C	V	O	L	V	I	E	R	O	N
R	R	I	G	D	M	L	H	G	T	J	R
M	I	Ó	O	E	Ñ	Á	M	Z	I	K	I
N	T	K	E	S	T	U	D	I	Ó	X	W
P	A	N	H	C	V	M	F	V	Z	Y	S
T	M	F	B	U	T	O	M	A	M	O	S
Í	O	Q	E	B	M	Ñ	C	Ó	B	Z	W
M	S	Ó	D	R	N	L	K	P	T	A	T
F	U	I	Ñ	Í	P	Á	D	O	S	C	M
Ñ	Í	S	R	B	K	F	W	Q	Y	H	Í

_____   _____

_____   _____

_____   _____

_____   _____

20 LÍNGUA ESPANHOLA

3 Completa las frases con el Pretérito Indefinido de los verbos.
(Complete as frases com o Pretérito Indefinido dos verbos.)

| saliste | encontraron | llegaron | guardamos | dejaste |
| conocí | ~~escribió~~ | fui | vimos | compró |

Modelo:

Paula **escribió** una carta a sus amigos. **(escribir)**

a) Mi primos _____ **(llegar)** muy tarde anoche.

b) Nunca _____ **(ir – yo)** a Fortaleza.

c) El chico _____ **(comprar)** los libros en la Librería Española.

d) Tú _____ **(dejar)** todos los útiles desordenados.

e) Lucas y yo _____ **(ver)** las estrellas en el cielo juntos.

f) Nosotros _____ **(guardar)** los cuadernos en la mochila.

g) María Luz y su novio _____ **(encontrar)** un gato en la calle.

h) Nunca _____ **(conocer – yo)** otro país.

i) Anteayer _____ **(salir – tú)** muy tarde, ¿no?

4 Daniel fue a una fiesta el último fin de semana. Completa lo que él cuenta de la fiesta con los verbos del cuadro.
(Daniel foi a uma festa no último fim de semana. Complete o que ele conta da festa com os verbos que estão no quadro.)

verbo	yo	nosotros
llegar	llegué	llegamos
ver	vi	vimos
tomar	tomé	tomamos
quedar	quedé	quedamos
bailar	bailé	bailamos
salir	salí	salimos
encontrar	encontré	encontramos

¡No sabes lo divertida que fue la fiesta!

Luego que _____ a la fiesta, me _____ con María y

Iván. _____ mucho y después _____ un refresco.

Nos _____ en la fiesta hasta el anochecer. No _____ el tiempo

pasar. Cuando _____ de la casa de Ana ya eran las 8 de la noche.

Vamos a conocer algunos marcadores de tiempo
(Vamos conhecer alguns marcadores de tempo.)

anteayer: anteontem.
ayer: ontem.
nunca: nunca.

el lunes pasado: segunda-feira passada.
la semana pasada: a semana passada.
por la mañana: de manhã.

 Completa el texto con los verbos del cuadro.
(Complete o texto com os verbos do quadro.)

	verbos					
	llamar	**trabajar**	**pasear**	**hacer**	**salir**	**comer**
Yo	llamé	trabajé	paseé	hice	salí	comí
Tú	llamaste	trabajaste	paseaste	hiciste	saliste	comiste
Él/Ella/Ud.	llamó	trabajó	paseó	hizo	salió	comió
Nosotros	llamamos	trabajamos	paseamos	hicimos	salimos	comimos
Vosotros	llamasteis	trabajasteis	paseasteis	hicisteis	salisteis	comisteis
Ellos/Ellas/Uds.	llamaron	trabajaron	pasearon	hicieron	salieron	comieron

El martes pasado _____.

Por la mañana _____.

Ayer _____.

La semana pasada _____.

_____ hacer la tarea.

Nunca _____.

En el 2014 _____.

_____ comer galletas.

6 Completa el crucigrama con el infinitivo de los verbos conjugados.
(Complete as palavras cruzadas com o infinitivo dos verbos conjugados.)

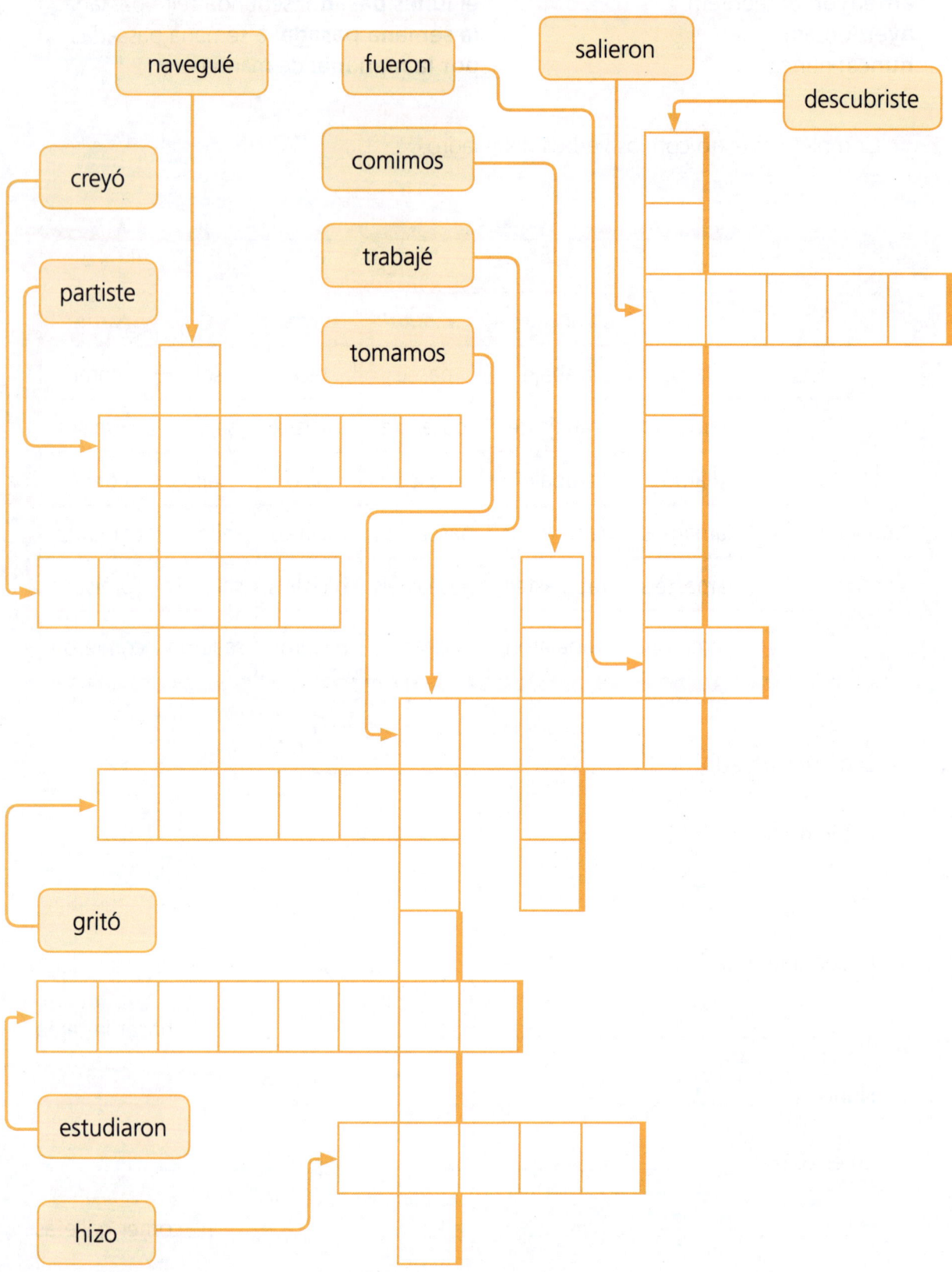

7 Esta es tu agenda de la semana pasada. Cuéntanos que hiciste.
(Esta é a sua agenda da semana passada. Conte o que você fez.)

	Mañana	Tarde	Noche
Domingo		Escribir una redacción en portugués	
Lunes		Tomar la vacuna	Ver una película en la tele
Martes			Salir con mis padres
Miércoles	Pasar por el dentista	Comprar los libros de español	
Jueves	Escuchar música		
Viernes		Estudiar para la prueba	
Sábado	Pasear por el parque		

Modelo:

El lunes por la tarde tomé la vacuna.

a) El domingo por la tarde _____.

b) El lunes por la noche _____.

c) El martes por la noche _____.

d) El miércoles por la mañana _____.

e) El miércoles por la tarde _____.

f) El jueves por la mañana _____.

g) El viernes por la tarde _____.

h) El sábado por la mañana _____.

8 Haz una encuesta con tus compañeros y pregúntales sobre sus actividades.
(Faça uma pesquisa com seus colegas e pergunte sobre suas atividades.)

Modelo:

anteayer / ver una película.
–¿Qué hiciste anteayer?
–Yo vi una película.

a) Ayer/jugar videojuego
_____
_____

b) El lunes pasado/ir a una fiesta
_____
_____

c) El año pasado/visitar Bariloche
_____
_____

d) El miércoles por la tarde/jugar con los amigos
_____
_____

9 Mándale un mensaje electrónico a un(a) amigo(a) y cuéntale qué hiciste durante el fin de semana.
(Mande uma mensagem eletrônica para um(a) amigo(a) e conte o que você fez durante o fim de semana.)

MENSAJE CONTACTOS

PARA:

ASUNTO:

Querido/a amigo/a:

Un abrazo

RESPONDER ENVIAR

Archivar Editar Herramientas Ayuda

REVISIÓN

Aprendiste:
(Você aprendeu:)

- a hablar de nacionalidades y usar los gentilicios:

    Paraguay – paraguayo(a)   Colombia – colombiano(a)
    Ecuador – ecuatoriano(a)   Venezuela – venezolano(a)
    Cuba – cubano(a)   Brasil – brasileño(a)
    México – mejicano(a)/mexicano(a) Argentina – argentino(a)
    Perú – peruano(a)   Uruguay – uruguayo(a)
    Bolivia – boliviano(a)   Chile – chileno(a)

- el Pretérito Indefinido de algunos verbos regulares:

    | gritar | tomar | dejar | tomar | comer |
    | pasar | beber | ver | conocer | escuchar |
    | volver | llegar | guardar | quedar | trabajar |
    | descubrir | escribir | salir | bailar | caminar |
    | estudiar | llamar | comprar | encontrar | |

- sobre el descubrimiento de América en el texto "Encuentro de dos mundos".

- los adverbios de tiempo:
  ayer - el lunes pasado - anteayer - el año pasado - el miércoles por la tarde - el último domingo - hoy por la mañana - nunca - anoche - en 1981, ...1993, ...2002, ...2004.

1 Elige un cantante y un actor que te guste y cuenta sobre sus nacionalidades y que lengua hablan.
(Escolha algum cantor e um ator de sua preferência e conte sobre suas nacionalidades e que língua falam.)

_____

_____

_____

_____

2 Forma oraciones.
(Forme orações.)

a) anteayer / salir – yo / con mi madre

b) nunca / escribir – la profesora / tanto

c) el miércoles pasado / encontrar – Juan / una moneda

d) hoy por la mañana / levantarse – tú / tarde

e) en el 2002 / pasear – mi familia y yo / en Porto Alegre

f) el viernes por la tarde / conocer – mis primos / el Masp

LECCIÓN 3

Literatura española
(Literatura espanhola)

Escucha y lee.
(Escute e leia.)

Platero es un pequeño burro, protagonista de *Platero y yo*, una de las obras más populares de Juan Ramón Jiménez.
El pequeño burro, símbolo de la ternura, pureza e ingenuidad, es utilizado como reflexión acerca de los placeres simples de la vida, los recuerdos, la descripción de los personajes y sus formas de vida.

El canario vuela
(O canário voa.)

Un día, el canario verde, no sé cómo ni por qué voló de su **jaula**. Era un canario **viejo**, [...] al que yo no había dado libertad por miedo de que se muriera de hambre o de frío, o de que se lo comieran los gatos.

Anduvo toda la mañana entre los **granados** del **huerto**, en el pino de la puerta, por las lilas. Los niños estuvieron, toda la mañana también, sentados en la **galería**, **absortos** en los breves vuelos del **pajarillo** amarillento. Libre, Platero **holgaba** junto a los rosales, jugando con una **mariposa**.

A la tarde, el canario se vino al **tejado** de la casa grande, y allí quedó largo tiempo [...]. De pronto, y sin saber nadie cómo ni por qué, apareció en la jaula, otra vez alegre. [...]

Juan Ramón Jiménez Moquer. "El canario vuela". *Platero y yo*. Madrid: Editorial Edaf, 2009. p. 29.

VOCABULARIO

absortos: distraídos.
galería: galeria.
granados: romãzeira (árvore).
holgaba: ficava à toa.
huerto: pomar.

jaula: gaiola.
mariposa: borboleta.
pajarillo: passarinho.
tejado: telhado.
viejo: velho.

ACTIVIDADES

1 Contesta o completa las preguntas según el texto.
(Responda ou complete as perguntas segundo o texto.)

a) En el fragmento que reproducimos en la página anterior se habla de un animal. ¿Qué animal es?

_____

b) ¿Quiénes lo observaban durante el vuelo?

_____

c) El canario durante toda la mañana _____ entre los granados del huerto, en el _____ de la _____, por las _____.

d) Durante toda la mañana los niños estuvieron sentados en la _____, absortos en los breves _____ del _____.

e) ¿Con quién jugaba Platero en los rosales?

_____

f) De pronto, y sin saber nadie cómo _____, _____ en la jaula, _____.

31

2 Completa con las palabras del cuadro.
(Complete com as palavras do quadro.)

| ayer | siempre | anoche |
| vieron | escuché | estudió |

a) Yo _____ _____ música.

b) _____ mi amigo _____ para la prueba.

c) _____ mis padres _____ una película.

3 Escucha y enumera las frases.
(Escute e enumere as frases.)

☐ Ah, ¿cómo estaba tu abuela?

☐ Gracias. ¡Qué rico!

☐ Hola Pedro, ¿qué tal?

☐ ¿Viniste a mi casa?

☐ Bien Maite, ¿y tú?

☐ Estuve en tu casa ayer. No estabas.

☐ Tuve que ir a la casa de mi abuela.

☐ Sí, por la mañana. ¿Adónde fuiste?

☐ Está bien. Te traje unos alfajores.

Vamos a conocer algunos verbos irregulares en el Pretérito Indefinido.
(Vamos conhecer alguns verbos irregulares no Pretérito Indefinido.)

Estos verbos en el texto están en el pretérito:

"**Anduvo** toda la mañana entre los granados."[...]

"Los niños **estuvieron**, toda la mañana también,"[...]

"A la tarde, el canario se **vino** al tejado de la casa grande"[...]

	verbos		
	andar	estar	venir
Yo	anduve	estuve	vine
Tú	anduviste	estuviste	viniste
Él/Ella/Ud.	anduvo	estuvo	vino
Nosotros	anduvimos	estuvimos	vinimos
Vosotros	anduvisteis	estuvisteis	vinisteis
Ellos/Ellas/Uds.	anduvieron	estuvieron	vinieron

	verbos		
	poner	ir	tener
Yo	puse	fui	tuve
Tú	pusiste	fuiste	tuviste
Él/Ella/Ud.	puso	fue	tuvo
Nosotros	pusimos	fuimos	tuvimos
Vosotros	pusisteis	fuisteis	tuvisteis
Ellos/Ellas/Uds.	pusieron	fueron	tuvieron

	verbos		
	traer	decir	hacer
Yo	traje	dije	hice
Tú	trajiste	dijiste	hiciste
Él/Ella/Ud.	trajo	dijo	hizo
Nosotros	trajimos	dijimos	hicimos
Vosotros	trajisteis	dijisteis	hicisteis
Ellos/Ellas/Uds.	trajeron	dijeron	hicieron

Pon el pájaro en su casa. Junta el verbo en el infinitivo con el verbo conjugado.
(Ponha o pássaro na sua casa. Junte o verbo no infinitivo com o verbo conjugado.)

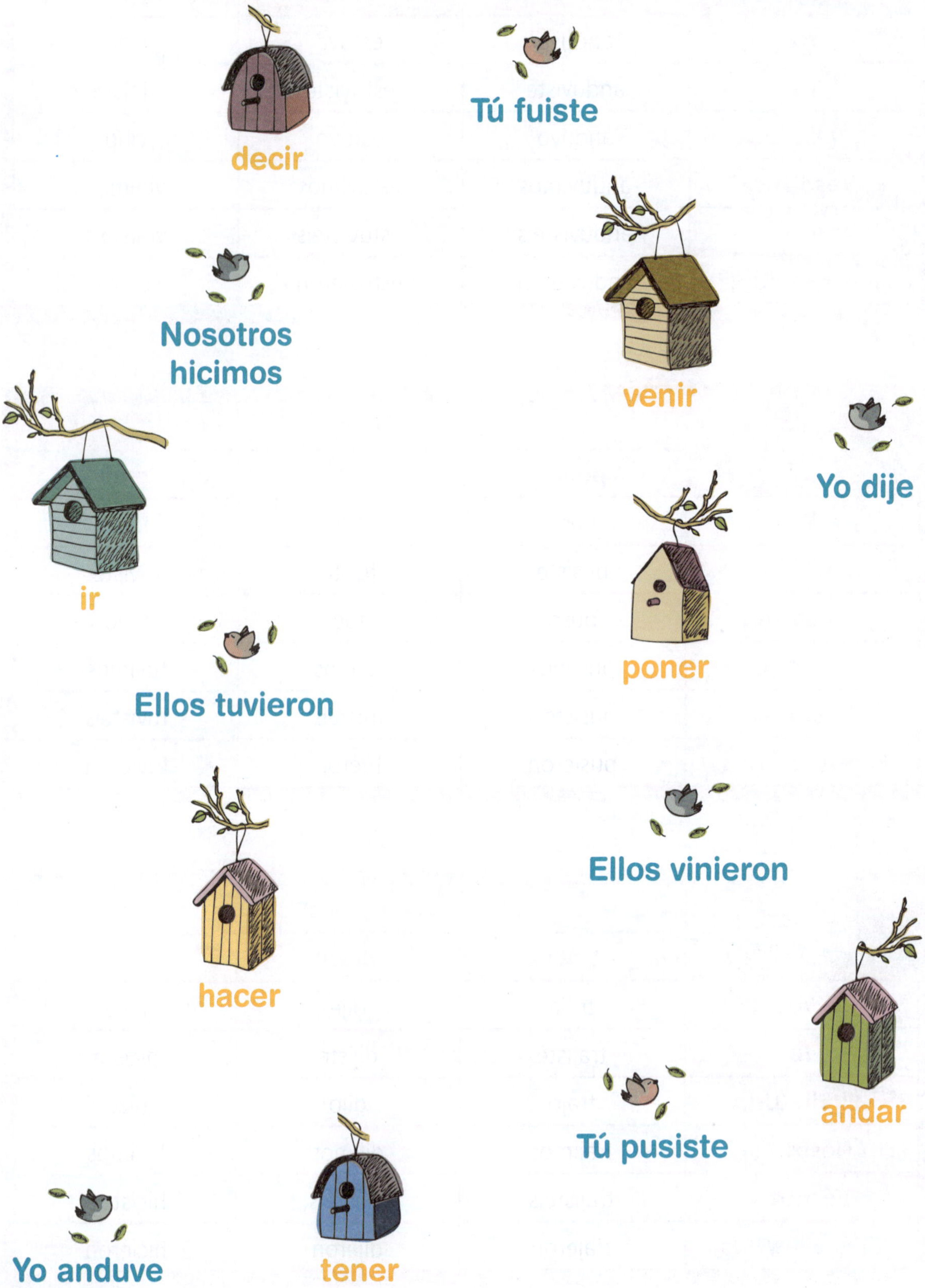

decir

Tú fuiste

Nosotros hicimos

venir

ir

Yo dije

Ellos tuvieron

poner

Ellos vinieron

hacer

andar

Tú pusiste

Yo anduve

tener

5 Pon las letras en orden, encuentra los verbos y copia las frases.
(Ponha as letras em ordem, encontre os verbos e copie as frases.)

a) El chico **JOID** la verdad a sus padres.

_____

b) Yo **VDNAUE** por el parque.

_____

c) Nosotros **ESVITUMOS** toda la tarde juntos.

_____

d) La profesora de español y el director **VIRONINE** a la clase para hacer un discurso.

_____

_____

e) Tú **TEJISTRA** el perro para vacunarlo.

_____

f) Fernanda **OPUS** el pastel de chocolate en el horno.

_____

g) Ud. no **VUTO** la culpa, no se preocupe.

_____

h) Mi hermana y yo **CIMOSHI** las tareas.

_____

i) Juanjo **UEF** a la casa de sus abuelos.

_____

j) Mi amigo **IVON** de vacaciones a mi casa.

_____

6 Completa los diálogos usando los verbos en el pretérito.
(Complete os diálogos usando os verbos no pretérito.)

¿Por dónde anduvo tu prima en las vacaciones?

Ella fue _____.

¿Qué hiciste ayer?

_____
_____.

¿Qué _____ _____?

Vine al club.

¿Adónde fuiste el lunes?

Fui _____
_____.

36 LÍNGUA ESPANHOLA

7 Pega una foto de tus vacaciones o haz un dibujo.
(Cole uma foto das suas últimas férias ou faça um desenho.)

8 Escribe qué hiciste en tus vacaciones a partir de esta foto.
(Escreva o que você fez nas suas férias a partir desta foto.)

_____
_____
_____
_____
_____

LECCIÓN 4

¡Muchas aventuras en México!
(Muitas aventuras no México!)

Escucha y lee.
(Escute e leia.)

Deportes de aventuras
(Esportes de aventura)

Hay gente que busca emociones fuertes en el deporte. No les basta jugar al fútbol, andar en bici o hacer gimnasia. Quieren más, y entonces buscan el vuelo sin motor, el windsurf, el rafting, entre otros.

El kayak es uno de los deportes más practicados en todo el mundo. Llegó a América traído por los ingleses y se hace en el río. Otro deporte acuático es el rafting que consiste en flotar por el río en una lancha de goma, usando casco y chaleco salvavidas.

En Cozumel, México, debido a las aguas transparentes, se practica el buceo. Allí es posible encontrar tiburones, tortugas marinas y una gran variedad de peces y corales.

Texto hecho especialmente para el libro.

El buceo en México. En primer plano la tortuga carey (*eretmochelys imbricata*), una especie marina en peligro crítico de extinción.

ACTIVIDADES

1 Contesta qué has entendido sobre el texto.
(Responda o que você entendeu sobre o texto.)

a) ¿Qué deportes aparecen en el texto?
_____

b) ¿Dónde se originó el kayak?
_____

c) ¿Qué es el rafting?
_____

d) ¿Qué deporte se practica en Cozumel?
_____

2 Según el texto, pega lo que ve el buceador en el fondo del mar. Ve a la página 113.
(De acordo com o texto, cole o que o mergulhador vê no fundo do mar. Vá para a página 113.)

Vamos a conocer un poco de México, pero por el estómago...

(Vamos conhecer um pouco do México através do estômago...)

Burritos de carne con arroz, frijoles negros y salsa.

Nachos con guacamole.

Tacos de carne picada con lechuga, tomate y queso.

Quesadilla de carne con tomates y salsa.

La cocina mexicana es muy variada, pero el maíz es un ingrediente clave y está presente en muchos platos de todos los días.

3 Ahora vamos a enriquecer nuestros conocimientos acerca de México.
(Agora vamos enriquecer nossos conhecimentos sobre o México.)

Investiga con tus amigos, profesores y familia o busca en la internet y en libros.
(Pesquise com os seus amigos, professores e família ou procure na internet e em livros.)

México

Nombre completo: _____

_____.

Idioma: _____.

Población: _____.

Personajes conocidos: _____

_____.

Locales famosos: _____

_____.

¿Tiene frontera con Brasil? _____

Festivo celebrado en el 2 de noviembre: _____.

¿Vamos a conocer otros deportes?
(Vamos conhecer outros esportes?)

escalada

senderismo

esquí

surf

buceo

hipismo

LÍNGUA ESPANHOLA

surf a vela (*windsurf*)

bicicleta de montaña (*mountain bike*)

navegación a vela

esquí acuático

ala delta

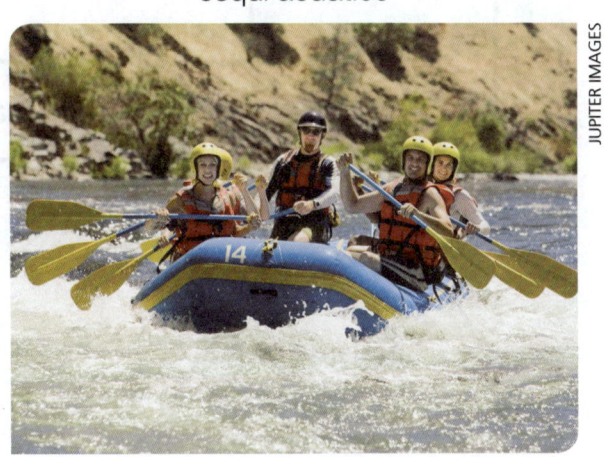

balsismo (*rafting*)

VOCABULARIO

ala delta: asa delta.
balsismo: descida em corredeiras (*rafting*).
buceo: mergulho submarino.
senderismo: caminhada, trilha.

43

4 Te presentamos varios deportes. Pinta las cajas de acuerdo con el estilo: acuático (azul), aéreo (amarillo) o terrestre (verde).
(Apresentamos aqui vários esportes. Pinte as figuras de acordo com o estilo: aquático (azul), aéreo (amarelo) ou terrestre (verde).)

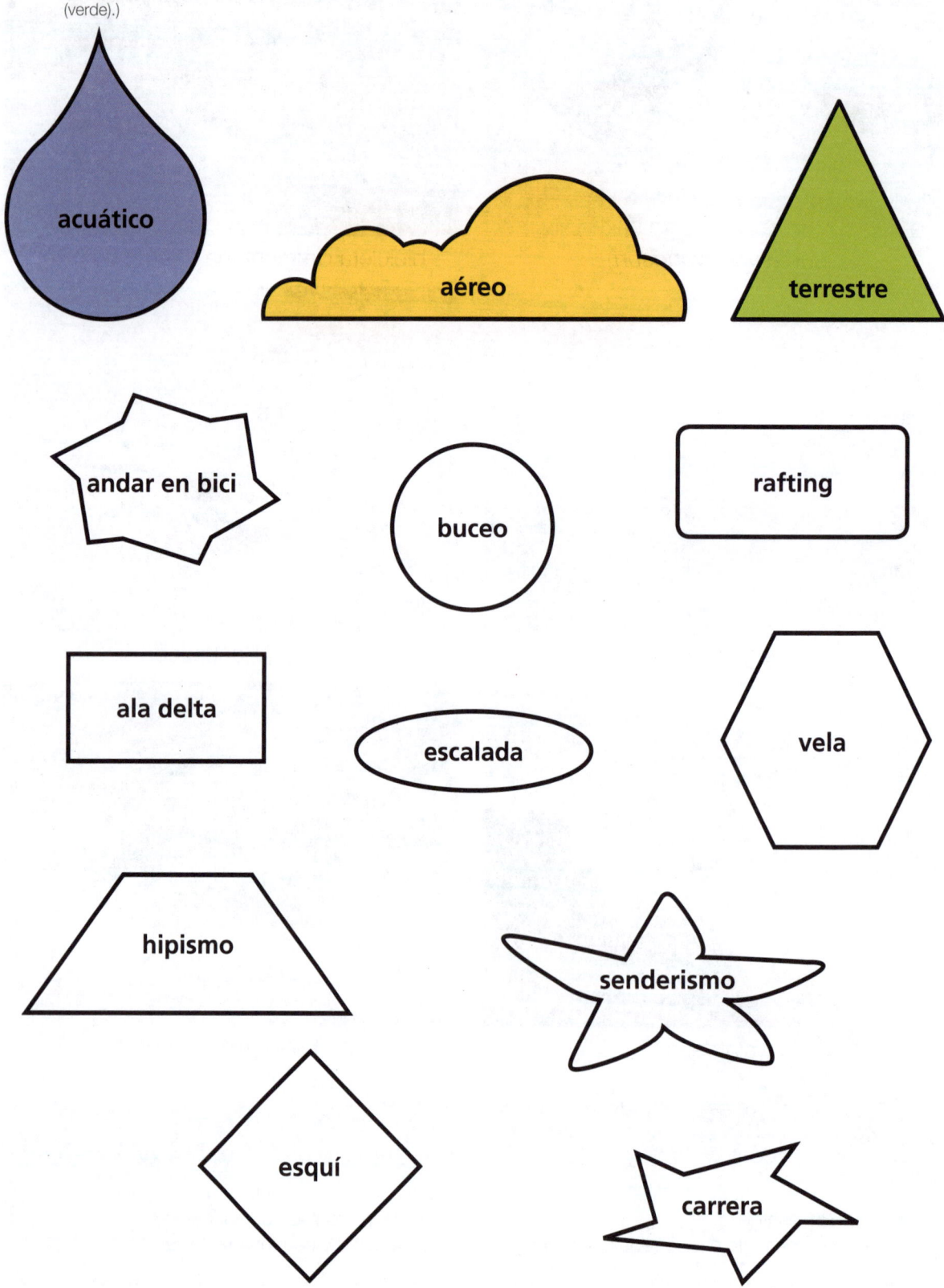

- acuático
- aéreo
- terrestre
- andar en bici
- buceo
- rafting
- ala delta
- escalada
- vela
- hipismo
- senderismo
- esquí
- carrera

LÍNGUA ESPANHOLA

5 Completa el crucigrama con los nombres de los deportes.
(Complete as palavras cruzadas com os nomes dos esportes.)

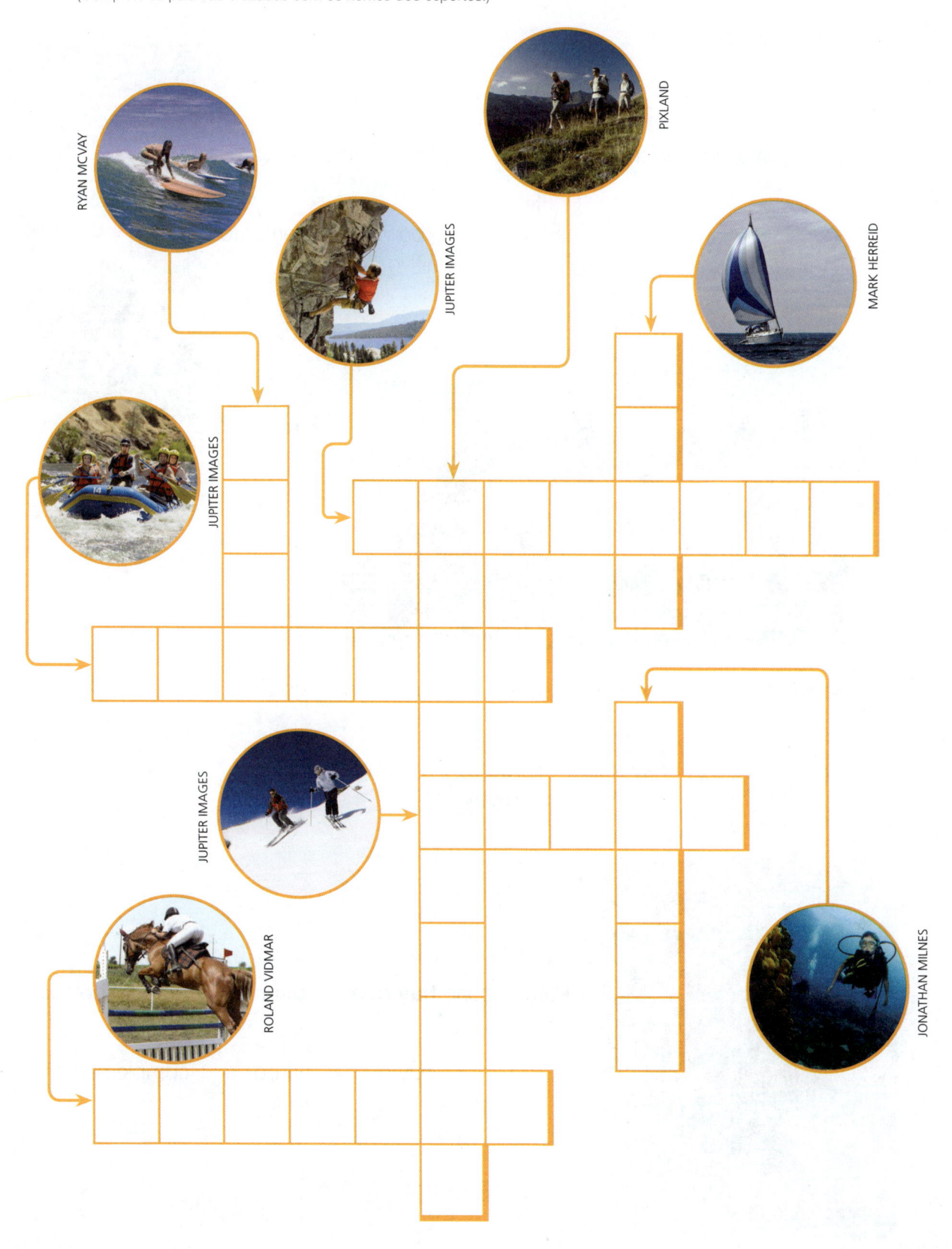

Vamos a conocer la expresión *Hay que* y practicarla.

(Vamos conhecer a expressão *Hay que* e praticá-la.)

Fíjate en los ejemplos:

Para hacer un excursionismo, **hay que** **tomar** mucha agua.

hay que + verbo infinitivo + complemento

Para hacer yudo, **hay que** **pedir** orientación médica.

hay que + verbo infinitivo + complemento

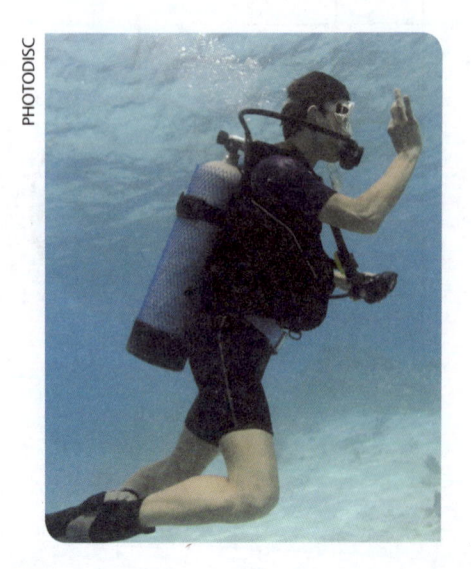

Para bucear, **hay que** **usar** la ropa apropiada.

hay que + verbo infinitivo + complemento

6 Completa las frases según el modelo. Utiliza las palabras del cuadro.
(Complete as frases segundo o modelo. Utilize as palavras do quadro.)

Modelo:
Para usar medicamentos **hay que** pedir **orientación médica**.

mucha agua

chaleco salvavidas

acompañado

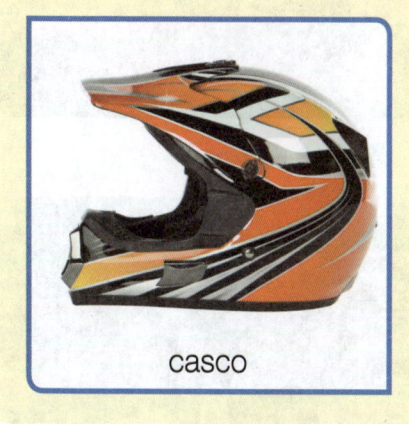

casco

ropa apropiada

zapatillas

a) Para ir en moto _____ llevar el _____.

b) Para hacer deportes de aventura _____ estar_____.

c) Para practicar el rafting _____ vestir el _____.

d) Para estar hidratado _____ tomar _____.

e) Para practicar buceo _____ usar _____.

f) Para correr _____ llevar _____ apropiadas.

7 Escribe qué recomiendas para la práctica de los siguientes deportes. Usa las indicaciones del cuadro.
(Escreva o que você recomenda para a prática dos seguintes esportes. Use as indicações do quadro.)

> usar zapatillas apropiadas
> sentirse bien en las alturas
> tener fuerza en los brazos
> usar casco de seguridad
> tener el equipamiento adecuado
> comprar ropa apropiada a bajas temperaturas
> usar chaleco salvavidas

La escalada
Recomendación:

Hay que _____

_____

_____.

El ciclismo
Recomendación:

Hay que _____

_____

_____.

El esquí
Recomendación:

Hay que _____

_____

_____.

El excursionismo
Recomendación:

Hay que _____

_____

_____ .

La ala delta
Recomendación:

Hay que _____

_____

_____ .

El balsismo (*rafting*)
Recomendación:

Hay que _____

_____

_____ .

El surf a vela (*windsurf*)
Recomendación:

Hay que _____

_____

_____ .

8 Elige el verbo y construye las frases completas.
(Escolha o verbo e construa frases completas.)

a) ¿Qué hay que hacer para aprender español?

- ☐ viajar
- ☐ estudiar
- ☐ conocer personas de otra nacionalidad

Para aprender español hay que _____.

b) ¿Qué hay que hacer para sacar buenas notas?

- ☐ jugar con los amigos
- ☐ ir a las clases
- ☐ hacer los deberes

Para sacar buenas notas hay que _____.

c) ¿Qué hay que hacer para tener amigos?

- ☐ ser compañero
- ☐ ser divertido
- ☐ ayudar a los demás

Para tener amigos hay que _____.

9 Escucha, pinta los deportes mencionados y escribe sus nombres.
(Escute, pinte os esportes mencionados e escreva seus nomes.)

REVISIÓN

Aprendiste:
(Você aprendeu:)

- un poco de Juan Ramón Jiménez, a través de un fragmento de su obra *Platero y yo*, "El canario vuela".

- la conjugación del Pretérito Indefinido de los verbos irregulares:

    andar – anduve   **decir** – dije   **estar** – estuve
    hacer – hice   **ir** – fui   **poner** – puse
    tener – tuve   **traer** – traje   **venir** – vine

- El México: gastronomía y locales turísticos.

- algunos deportes de aventuras:

    el ala delta   el senderismo   la escalada
    el *rafting*   la carrera   el hipismo
    el *windsurf*   el esquí   la vela
    el buceo   el surf   el kayak

- a expresar la obligatoriedad: hay que + verbo infinitivo
    Ejemplos: Hay que tomar mucha agua.
                  Hay que pedir orientación médica.

1 Conjuga los verbos en el Pretérito Indefinido.
(Conjugue os verbos no Pretérito Indefinido.)

a) Ellos _____ (andar) por la montaña.

b) Mi papá nos _____ (traer) muchos regalos de su viaje.

c) El último domingo _____ (ir - yo) a ver las carreras de Fórmula 1.

d) En 2014 _____ (estar - nosotros) todos juntos en España.

e) ¿_____ (hacer - tú) la tarea de español hoy por la mañana?

2 Investiga en cual de los deportes nombrados en esta lección nuestro país ha ganado alguna medalla en competiciones internacionales. Dibuja y nombra.
(Pesquise em qual dos esportes estudados na lição nosso país ganhou medalha em competições internacionais. Desenhe e nomeie esse esporte.)

3 Une las imágenes con los nombres de los deportes.
(Una as imagens com os nomes dos esportes.)

hipismo   esquí   buceo   surf

LECCIÓN 5

¿Te gusta el fútbol?
(Você gosta de futebol?)

Escucha y lee.
(Escute e leia.)

Martín:	¿Viste el **partido** Brasil versus Argentina ayer?
Enrique:	Sí, qué **lástima** que Brasil no ganó.
Martín:	Pero Argentina jugó mucho mejor...
Enrique:	Eso es verdad.
Martín:	¿Conoces la Argentina?
Enrique:	Sí, conocí Buenos Aires el **verano** pasado.
Martín:	¿Y te gustó?
Enrique:	Sí, mucho. Es muy bonito. Tiene muchas atracciones culturales. Hicimos un **paseo** por el Río Tigre, conocimos el Teatro Colón y mi mamá se puso **loca** con las compras por la Calle Florida.
Martín:	¿Y que te gustó más del **viaje**?
Enrique:	La comida... ¡Qué bifes!

VOCABULARIO

lástima: pena.
loca: louca.
partido: jogo.
paseo: passeio.
verano: verão.
viaje: viagem.

LÍNGUA ESPANHOLA

ACTIVIDADES

1 Contesta y completa según el texto.
(Responda e complete segundo o texto.)

a) ¿Qué equipos jugaron ayer?

_____

b) ¿Quién ganó el partido?

_____

c) ¿Quién jugó mejor?

_____

d) ¿Cuál de los dos chicos conoce la Argentina?

_____

e) Enrique cree que Buenos Aires es muy _____ y tiene

muchas _____.

f) A Enrique le gustó mucho la _____ de Argentina.

g) Y a su madre le gustó ir a las _____ por la _____.

2 Contesta las siguientes preguntas personales.
(Responda as seguintes perguntas pessoais.)

a) ¿Eres hincha de algún equipo? ¿Cuál?

_____

b) ¿Te gusta el fútbol? ¿Por qué?

_____

c) ¿Cuál es el mejor equipo de fútbol?

_____

Vamos a conocer los pronombres interrogativos.

(Vamos conhecer os pronomes interrogativos.)

Los pronombres interrogativos son aquellos utilizados para hacer preguntas.

¿De dónde eres?

¿Adónde? ¿Dónde?
¿Cómo?   ¿Por qué?
¿Cuándo? ¿Qué?
¿De qué? ¿Quién?

3 Completa las frases con los pronombres interrogativos.
(Complete as frases com os pronomes interrogativos.)

a) – ¿De _____ eres?
– Soy de Brasil.

b) – _____ vives?
– Vivo en São Paulo.

c) – _____ vas?
– Voy al súper.

d) – _____ vas a hacer ahora?
– Voy a comprar pan.

e) – _____ vas a Salvador?
– Porque mi abuelo vive allá.

f) – _____ vas a Salvador?
– Voy en avión.

g) – _____ vas al parque?
– Voy mañana por la mañana.

LÍNGUA ESPANHOLA

4 Encuentra los pronombres interrogativos.
(Encontre os pronomes interrogativos.)

A	D	Ó	N	D	E	A	X	W	B	Q	U	É	C	P
D	M	I	E	E	Q	U	N	L	G	R	O	K	H	J
C	Í	H	B	Q	U	N	P	K	J	É	B	P	Ó	D
A	Ó	X	F	U	Á	D	O	I	M	Ñ	C	S	C	P
X	W	Y	Ñ	É	F	M	R	L	P	R	Ó	V	R	Q
W	Z	Q	V	P	M	É	Q	K	Q	S	M	B	Q	U
Q	G	U	G	D	L	C	U	Á	N	D	O	D	E	Q
I	U	I	Q	L	É	N	É	R	Q	O	N	C	O	D
I	K	É	Ó	L	U	W	B	F	U	É	D	X	A	C
D	Ó	N	D	E	V	Y	E	G	H	P	R	É	N	Y
N	E	F	O	J	Z	Ñ	G	H	A	B	D	C	Z	U

5 Escucha y une las preguntas con las respuestas.
(Escute e una as perguntas com as respostas.)

¿Cuándo vuelve tu padre?　　　　　　　　Estoy leyendo.

¿Qué estás haciendo ahora?　　　　　　　Voy a mi casa.

¿Adónde vas después de la escuela?　　　Vuelve mañana.

¿Por qué Ana está triste?　　　　　　　　Es un cantante conocido, mexicano.

¿Quién es?　　　　　　　　　　　　　　　No te preocupes, ya vamos a ver.

¿Cómo lo vamos a hacer?　　　　　　　　Es que está mal en la escuela.

Vamos a conocer un poco de la Argentina, pero por el estómago...

(Vamos conhecer um pouco da Argentina através do estômago...)

El alfajor es un dulce típico en la Argentina.

Esta receta es del Alfajor Cordobés, que es más típico y que en general es desconocido por los turistas. Vale la pena pedir a un adulto que te ayude a prepararlos, así podrás probar una delicia argentina.

Alfajores cordobeses

Receta hecha especialmente para el libro.

Ingredientes:

- 200 gr. de azúcar molido
- 6 yemas
- 150 gr. de manteca
- ralladura de 1 limón
- 360 gr. de fécula de maíz
- 150 gr. de harina
- 1 cucharadita de polvo de hornear

Preparación:

- Batir el azúcar con las yemas hasta que la preparación esté espumosa.
- Juntar la manteca derretida con la ralladura de limón.
- Tamizar la fécula, la harina y el polvo de hornear, agregar a la preparación anterior.
- Lograr una masa suave, dejar descansar 30m. en heladera bien tapada para que no se seque.
- Espolvorear la mesa con harina, estirar la masa y cortar círculos con una corta pasta.
- Estirarlos en una placa de horno enmantecada y cocinarlos a temperatura regular.
- Retirarlos y dejarlos enfriar; una vez fríos, se los une de a dos con dulce de leche.

6 Vamos a armar un diccionario culinario.
(Vamos montar um dicionário culinário.)

7 Piensa y contesta.
(Pense e responda.)

a) ¿Conoces el alfajor?

b) ¿Qué dulce típico de Brasil te gusta?

c) ¿De qué región es este dulce?

8 Ahora vamos a enriquecer nuestros conocimientos acerca de la Argentina.
(Agora vamos enriquecer nossos conhecimentos sobre a Argentina.)

Investiga con tus amigos, profesores y familia o busca en la internet y en libros.
(Pesquise com os seus amigos, professores e família ou procure na internet e em livros.)

Argentina

Nombre completo: _____

_____

Idioma: _____

Población: _____

_____

Personajes conocidos: _____

_____

Locales famosos: _____

_____

_____

¿Tiene frontera con Brasil? _____   Música típica: _____

9 Pega aquí una foto relacionada a tu investigación.
(Cole aqui alguma foto relacionada a sua pesquisa.)

Vamos a conocer un poco sobre la música y la danza.
(Vamos conhecer um pouco sobre música e dança.)

El tango nació en Buenos Aires a fines del siglo XIX y como ocurre con el "samba" en Brasil, en cualquier parte del mundo que nombres el tango, toda la gente piensa de inmediato en la Argentina.

Investiga más y escucha algunas músicas.

Pero no solo de tango viven los argentinos. Vamos hablar de la Patagonia.
(Mas não só de tango vivem os argentinos. Vamos falar sobre a Patagônia.)

¿Sabías que existe un lugar poblado de **hielos** eternos, nieves y pingüinos, lobos marinos y **ballenas**?

Eso es la Patagonia, en realidad una región con una gran extensión, que abarca parte de Argentina y Chile. La ciudad más al sur de todo el mundo es Ushuaia, en Tierra del Fuego. Las Islas Malvinas son otro **paisaje** de esta Patagonia enorme, que tiene el Glaciar Perito Moreno, Bariloche y Las Leñas como sus puntos más conocidos. La región también llama la atención por su fauna, con **guanacos**, **ñandúes** y **cuyes**.

Glaciar Perito Moreno, Patagonia, Argentina.

VOCABULARIO

ballenas: baleias.
cuyes: roedores parecidos com o preá.
guanacos: camelídeos da família da lhama.
hielos: gelos.
ñandúes: espécie de ema.
paisaje: paisagem.

10 Completa o contesta.
(Complete ou responda.)

a) La Patagonia es una región con una gran extensión, que abarca parte de _____ _____ y _____.

b) ¿Dónde quedan las Islas Malvinas?
_____

c) ¿Qué son guanacos, ñandúes y cuyes?
_____

d) ¿Te gustaría conocer la Patagonia? ¿Por qué?
_____

Ahora vamos a conocer otra receta: la formación del gerundio en español.

(Agora vamos conhecer outra receita: a formação do gerúndio em espanhol.)

Ingredientes: verbo estar + gerundio del verbo principal

Preparación:

verbos regulares
- terminados en **ar** (trabajar) = trabaj**ando**
- terminados en **er** o **ir** (correr) = corr**iendo**; divertir = divirt**iendo**

verbos irregulares
- e ⟶ i
- o ⟶ u
- vocal + er / ir ⟶ y + endo

Usas esta receta cuando quieres hablar de alguna acción que está ocurriendo en el momento exacto en que se habla.

Ejemplos:

Mis tíos están convers**ando**.

Las chicas están estud**iando** para la prueba.

Mis amigas están corr**iendo** una carrera.

11 Completa las frases que están en el gerundio con el verbo estar.
(Complete as frases que estão no gerúndio com o verbo estar.)

verbo estar	
Yo	estoy
Tú	estás
Él/Ella/Ud.	está
Nosotros	estamos
Vosotros	estáis
Ellos/Ellas/Uds.	están

a) _____ viendo tele. **(Yo)**

b) Ana, ¿_____ bañándote? **(Tú)**

c) ¿_____ comiendo? **(Tú)**

d) ¿Qué _____ haciendo los chicos?

e) Por fin, ¿_____ estudiando o jugando? **(Ellos)**

f) ¿Adónde _____ yendo? **(Uds.)**

Y en el pasado, ¿cómo se usa el gerundio?
(Como se usa o gerúndio no passado?)

Verbo estar en el pasado + gerundio del verbo principal de la frase.

Ejemplos:

Presente: **Estoy** estu**iando** mucho.
Passado: **Estaba** estu**iando** mucho.

LÍNGUA ESPANHOLA

12 Forma oraciones.
(Forme frases.)

a) la tele / viendo / Estoy

_____

b) comiendo / muy / rápido / Estás

_____

c) ¿ / yendo / Adónde / estás /?

_____

13 Completa las frases con el verbo estar en el pasado.
(Complete as frases com o verbo estar no passado.)

verbo estar	
presente	pretérito imperfecto
estoy	estaba
estás	estabas
está	estaba
estamos	estábamos
estáis	estabais
están	estaban

a) _____ viendo la tele. **(Ella)**

b) Ana, ¿ _____ bañándote? **(Tú)**

c) ¿Qué _____ haciendo los chicos?

d) Por fin, ¿ _____ estudiando o jugando? **(Ellos)**

65

LECCIÓN 6

Las naciones indígenas de América

(As nações indígenas da América)

Escucha y lee.
(Escute e leia.)

Los habitantes originales de América
(Os habitantes originais da América.)

Antes que los tres barcos de Colón llegaran en 1492, varias grandes naciones nativas creaban un mundo nuevo en América. Sus culturas, idiomas y costumbres nos asombran con sus adelantos hasta hoy.

Los aztecas

Antes de la **llegada** de los españoles, en el norte y centro de México precolonial, se **desarrolló** una grandiosa nación. Su idioma náhualt, sus artes guerreras y sus cultos religiosos los ayudaron a **someter** a muchas otras naciones menores de México y Centroamérica.

Antiguas ruinas de la civilización azteca. Pirámides del Sol y la Luna, Ciudad histórica de Teotihuacan, México.

Los mayas

Al sur de México y extendiéndose hacia Centroamérica, esta civilización fue anterior y también paralela a la de los aztecas. Y como ellos, han influido en las características de los pueblos mexicano, guatemalteco, hondureño, nicaragüense y costarriqueño. Su legado cultural, científico y astronómico es mundial.

Ruinas arqueológicas mayas. Tulum, México.

Los incas

Guerreros y artistas como los aztecas, los incas nacieron en una pequeña región y se extendieron, conquistando otras naciones indígenas y más territorios. **Abarcaron** una enorme área en la región andina desde Ecuador hasta mitad de la Argentina. Sus costumbres viven **aún** hoy entre los **collas** y campesinos de la región.

La ciudadela inca de Machu Picchu en Perú.

Los guaraníes

Los guaraníes eran nómadas y no se dedicaron tanto a la guerra.
Su enorme territorio iba desde el centro y litoral brasileño hasta la región de los grandes ríos en Argentina, pasando por todo el Paraguay y parte de Bolivia. Ellos fueron conquistados y catequizados por los portugueses y españoles.

Indio guaraní en la puerta del hueco.
Aldea Piraquê-Açu, Espírito Santo, Brasil.

Estas cuatro grandes naciones indígenas dejaron una marca de doble cultura en cada uno de los países modernos que abrigan a sus descendientes; dos idiomas, el español y la lengua nativa, se mezclan y se completan en cada uno de ellos.

Textos hechos especialmente para el libro.

VOCABULARIO

abarcaron: abrangeram.
aún: ainda.
collas: indígenas que vivem na Bolívia e no norte do Chile e da Argentina.
desarrolló: desenvolveu.
someter: submeter.

ACTIVIDADES

1 Contesta las preguntas según el texto.
(Responda as perguntas segundo o texto.)

a) Los aztecas fueron una _____, con su idioma _____, sus _____ y sus cultos religiosos.

b) Los aztecas vivieron en el _____ y _____ de _____ precolonial.

c) Los mayas vivieron al sur de _____, extendiéndose hacia _____.

d) ¿Los mayas convivieron con los aztecas?
- ☐ Sí, fueron anteriores y paralelos a los aztecas.
- ☐ No, fueron anteriores a los aztecas.

e) Los incas conquistaron una enorme región _____ que iba de _____ hasta mitad de la _____.

f) ¿Cuáles de estos grupos indígenas viven en Brasil? _____.

g) ¿Qué países actuales formaban el territorio de los guaraníes?
- ☐ Brasil.
- ☐ Bolivia.
- ☐ Paraguay.
- ☐ México.
- ☐ Argentina.
- ☐ Perú.

Los pueblos originarios y los alimentos

De América llegaron a Europa, además del **maíz**, la **papa**, el **cacao**, el **maní**, el **ají**, el tomate, la mandioca, el **poroto** y la **vainilla**, que hoy forman parte de la dieta europea.

Maíz: **hasta** hace poco se pensaba que era de origen mexicano. Pero las investigaciones recientes hallaron restos de maíz más antiguos en el Mato Grosso brasileño, al norte de Argentina y en Bolivia. Las **palomitas de maíz** [...] ya se comían en épocas preincaicas [...].

La papa o **patata**: originada en los Andes peruanos, cerca del lago Titicaca, en la frontera entre Perú y Bolivia, se difundió entre los pueblos indígenas. Los arqueólogos la remontan a unos 13 mil años atrás. [...] Hay muchas variedades: **morada**, amarilla y blanca, entre otras.

El tomate o jitomate: su origen también es discutido, y se lo considera originario de México. Pero algunos creen que se originó entre Colombia y Chile. Los conquistadores no lo llevaron de inmediato porque lo creían venenoso. [...]

El cacao: es una la planta originaria del Amazonas que luego llegó a Centroamérica y México. Algunas culturas nativas de la región como los Olmecas y los Mayas, lo consideraban "el alimento de los dioses". Los granos de cacao se usaban como **moneda** por los aztecas quienes también lo bebían.

La mandioca o yuca: su origen es discutido; unos dicen que nació en Yucatán, México y que su nombre maya viene de "joo'ka" que significa desenterrar una raíz.

Javier Villanueva, literatura. Disponible en: < http://goo.gl/Hmts3e >. Acceso en: 26/3/2015.

La mandioca o yuca.	El cacao.

VOCABULARIO

ají: espécie de pimenta.
cacao: cacau.
hasta: até
maíz: milho.
maní: amendoim.
moneda: moeda.
morada (patata): batata roxa.
palomitas de maíz: pipocas.
papa/patata: batata.
poroto: feijão.
vainilla: baunilha.

2. Relaciona los lugares mencionados en el texto con cada alimento.
(Relacione os lugares mencionados no texto com cada alimento.)

- 1 — el maíz
- 2 — la papa/patata
- 3 — el tomate/jitomate
- 4 — el cacao
- 5 — la mandioca/yuca

Azteca
Maya
Inca

Fonte: IBGE. *Atlas Geográfico Escolar*. Rio de Janeiro: IBGE, 2009.

Vamos a conocer la ciudad de Machu Picchu en Perú.
(Vamos conhecer a cidade de Machu Picchu no Peru.)

La ciudadela inca de Machu Picchu en Perú.

La ciudad sagrada de Machu Picchu está a 130 km de Cusco y a 2200 m de altura. Es el centro arqueológico más importante de Sudamérica.

Todas sus edificaciones están hechas con muros **pulidos** de forma regular, con juntas absolutamente perfectas entre los **bloques** de **piedra**.

La construcción de Machu Picchu **todavía** es un misterio para la humanidad.

VOCABULARIO

bloques: blocos.   **piedra:** pedra.   **pulidos:** polidos.   **todavía:** ainda.

3 Escribe la información que más te ha llamado la atención.
(Escreva a informação que mais tenha te chamado a atenção.)

_____

_____

_____

Vamos a conocer el Pretérito Perfecto.
(Vamos conhecer o Pretérito Perfeito.)

- **¿Cuándo se usa?**

Para hablar sobre hechos recientes.
Con marcadores temporales como hoy, esta semana, ya etc.)

- **¿Cómo se usa?**

| Verbo haber (en el Presente del Indicativo) | + | Participio Pasado (verbo principal) |

Ejemplos: Yo *he estudiado* mucho esta mañana.
Él *ha ganado* la lotería.
Ella *ha abierto* la ventana.
Nosotros *hemos estado* en el museo toda la tarde.
Ustedes no *han visto* la película.
Ellos *han preguntado* por ti.
Ellas *han tenido* mucho tiempo para estudiar.

Usted se *ha sentado* en la silla.

Vosotros *habéis comido* todo lo que había.

Tú *has dormido* hasta tarde hoy.

4 Completa las frases.
(Complete as frases.)

| corrido | jugado | paseado | ido |

a) Nosotros hemos _____ en bici. **(pasear)**

b) Julia ha _____ en el parque. **(jugar)**

c) Yo he _____ al parque de atracciones. **(ir)**

d) Marcelo y Ana han _____ esta mañana. **(correr)**

73

5) Practiquemos un poquito...
(Pratiquemos um pouquinho...)

Verbo haber			
Yo	he	Nosotros(as)	hemos
Tú	has	Vosotros (as)	habéis
Él/Ella/Usted	ha	Ellos/Ellas/Ustedes	han

Él ha comprado un libro.

a) Yo _____ ido a la Argentina el verano pasado.

b) ¿Tú _____ visto la película?

c) Él _____ comido todo lo que había.

d) Ella no _____ bebido jugo.

e) Ellas _____ comprado ropas nuevas.

f) ¿Vosotros _____ visitado Perú?

g) ¿Usted _____ visto a mi profesora?

h) Ellos _____ conocido muchos lugares en las vacaciones.

i) Nosotros _____ preparado la presentación.

j) ¿Ustedes _____ perdido el ómnibus?

6 Investiga alguna leyenda guaraní, escríbela y haz un dibujo.
(Pesquise alguma lenda guarani, escreva-a e faça um desenho.)

7 Escucha y une los viajes con los viajeros.
(Escute e ligue as viagens com os viajantes.)

Alberto

María

Agustín

Argentina

Chile

Uruguay

Paraguay

Bolivia

Fernanda

Ernesto

8 Pega algunas fotos de algún lugar que hayas visitado. Describe el viaje.
(Cole algumas fotos de algum lugar que você tenha visitado. Descreva a viagem.)

REVISIÓN

Aprendiste:
(Você aprendeu:)

- la Argentina
    - locales turísticos   gastronomía   música y danza

- los pronombres interrogativos y sus usos
    - ¿Adónde?   ¿Qué?   ¿Por qué?   ¿Cómo?
    - ¿Cuándo?   ¿De qué?   ¿Dónde?   ¿Quién?

- el uso del gerundio:
    - Ejemplos: Estoy estudiando español para las pruebas.
    - Ayer estaba estudiando español con Maite.

- algunas naciones indígenas de América
    - sus lenguas   sus costumbres   sus alimentos

- el pretérito perfecto
    - Ejemplo: Yo he estudiado horas para las pruebas.

1 Pon las siguientes frases en el pasado.

a) Estoy jugando al fútbol con mis amigos.

_____

b) Nosotros estamos conociendo Uruguay y Paraguay.

_____

c) ¿Estás juntando los ingredientes para la receta?

_____

d) No estás muy bien hoy, ¿no?

_____

e) Ellos están en la sala de estar viendo una película.

_____

LÍNGUA ESPANHOLA

2 Pega y nombra algunos alimentos originarios de América que forman parte de la alimentación mundial. Ve a las páginas 115 y 117.
(Cole e nomeie alguns alimentos originários da América que fazem parte da alimentação mundial. Vá para as páginas 115 e 117.)

LECCIÓN 7

Uruguay, el pequeño gran país

(Uruguai, o pequeno grande país)

Escucha y lee.
(Escute e leia.)

Uruguay es un país de **llanuras**, praderas interminables y muchas **playas**. La playa más conocida es Punta del Este, que **queda a orillas** de las aguas mansas del Río de la Plata y del Océano Atlántico.

A pocos kilómetros está la Isla de Lobos con cientos de miles de lobos marinos, que descansan al sol, transformándola en la mayor reserva del mundo de estos animales.

Al este uruguayo también hay un **acantilado rocoso** llamado Punta Ballena.

Texto hecho especialmente para el libro.

Los lobos marinos en la costa uruguaya.

VOCABULARIO

acantilado: escarpado.
a orillas: na beira.
llanuras: planícies.
playas: praias.
queda: fica.
rocoso: rochoso.

Vamos a conocer un poco más de Uruguay.

(Vamos conhecer um pouco mais do Uruguai.)

Vista de la Plaza Independencia, la más importante de la ciudad de Montevideo, Uruguay.

Nombre completo:
República Oriental del Uruguay.

Idioma: Español.

Población:
3,4 millones en 2014 (según el sitio Datosmacro.com; datos de junio 2015).

Personajes conocidos:
Eduardo Galeano, José Mujica, Mario Benedetti, Jorge Drexler, Diego Forlán, Luis Alberto Suárez.

Locales famosos:
Montevideo, Colónia del Sacramento, Punta del Este.

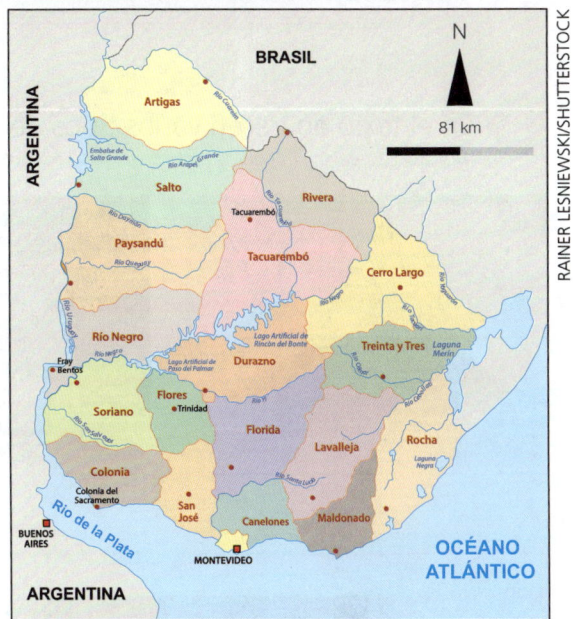

ACTIVIDADES

1 Contesta las preguntas según el texto.
(Responda as perguntas segundo o texto.)

a) ¿Qué tipo de relieves hay en Uruguay?

_____

_____

b) ¿De qué playa se habla en el texto?

_____

c) Punta Ballena es un acantilado _____.

d) ¿Cuál es la mayor reserva de lobos marinos del mundo?

_____

2 En el texto aparecen varios tipos de paisajes. Identifícalos.
(No texto aparecem vários tipos de paisagens. Identifique-os.)

3 Busca y escribe un ejemplo de cada elemento geográfico en Brasil.
(Procure e escreva um exemplo de cada elemento geográfico no Brasil.)

llanura _____

playa _____

isla _____

río _____

océano _____

4 Escucha la canción y pon las palabras del cuadro en los lugares correspondientes.
(Escute a canção e coloque as palavras do quadro nos lugares correspondentes.)

| agua | llama | se | un | los |
| que | llueva | cueva | sí | la |

Que _____, que llueva

_____ vieja está en la _____,

_____ pajarillos cantan,

la viejita _____ levanta

y _____ al señor Llanos,

¡Que _____!

¡ _____ no!

Que caiga _____ chaparrón,

con _____ y jabón.

Vamos a comparar el Pretérito Indefinido y el Pretérito Perfecto.
(Vamos comparar o Pretérito Indefinido com o Pretérito Perfeito.)

- Ayer, anteayer, la semana pasada, el mes pasado, el lunes pasado, en 2014 etc.
  Ejemplo:

  > Ayer **hice** una ensalada de frutas con banana, manzanas y naranjas.

- Hoy, esta semana, este mes, por la mañana, hace una hora etc.
  Ejemplos:

  > ¿Qué **han hecho** esta semana?
  >
  > Yo **he andado** en bici, **he estudiado** mucho, **he visto** una película en el cine. Mi hermana **ha salido** con sus amigos, **ha comprado** un libro y las dos **hemos ido** al club juntas.

5 Pinta de rojo el Pretérito Indefinido y de amarillo el Pretérito Perfecto y los adverbios de tiempo correspondientes.
(Pinte de vermelho o Pretérito Indefinido e de amarelo o Pretérito Perfeito e os advérbios correspondentes.)

esta semana	tuvimos	ha hecho
estuviste	anteayer	el lunes
hemos visto	he comido	la semana pasada
por la mañana	este año	hice
has estado	en 2014	ayer
llegó	han salido	puse

6. Forma frases con las palabras del cuadro. Sigue el modelo.
(Forme frases com as palavras do quadro. Siga o modelo.)

> **Modelo:**
> Esta semana he estudiado español.

dos viajes interesantes	en la casa de mi madrina	hice
tuvimos	una nueva película	hoy
ha hecho	enferma	he comido
papas fritas	el trabajo de geografía	esta semana
estuviste	nunca	la semana pasada
anteayer	este año	el lunes
por la mañana	hemos visto	has estado

a) _____

b) _____

c) _____

d) _____

e) _____

f) _____

7 Haz un dibujo relacionado a alguna de las frases que has hecho en la página anterior.
(Faça um desenho relacionado a alguma das frases que você formou na página anterior.)

8 Adónde te gusta ir, ¿al campo o a la playa? ¿Qué hay en esos lugares? ¿Qué haces cuando viajas? Describe.
(Onde você gosta de ir, ao campo ou à praia? O que há nesses lugares? O que você faz quando viaja? Descreva a seguir.)

9 Vamos a conocer un poco de nuestro país. Sigue las instrucciones.
(Vamos conhecer um pouco do nosso país. Siga as instruções.)

Material: figuras con lugares turísticos brasileños.

Instrucciones: En grupos de hasta 5 personas, elijan una región de Brasil y cada uno de los participantes del grupo tiene que hacer un cartel con una imagen e informaciones básicas acerca de este lugar.

Cada grupo presentará su región al resto de la clase.

Pega una foto y haz un resumen de la presentación de tu grupo aquí.

Vamos a conocer la región _____ de Brasil.

_____
_____
_____
_____

LECCIÓN 8

De vacaciones
(De férias)

Escucha y lee.
(Escute e leia.)

Nicole y Bruno van a salir de vacaciones. Ellos van a ir en **autobús**, con su familia de São Paulo **hacia** Montevideo en Uruguay.

Después van a visitar Buenos Aires. Van a **recorrer** la ciudad **porteña** y, a los 5 días se marcharán en **coche** a Santiago de Chile.

A continuación van a seguir en **avión** hacia México después de pasar por La Paz, por las ruinas incas de Machu Picchu en Perú y la selva amazónica en Venezuela.

En México van a conocer las ruinas Mayas con sus pirámides misteriosas y su gente **amable** y divertida.

Al final, después de un mes, van a **regresar** en avión a São Paulo.

¡Van a ser unas vacaciones **estupendas**!

VOCABULARIO

amable: simpática.
autobús: ônibus.
avión: avião.
coche: carro.
estupendas: fantásticas.
hacia: em direção a.
porteña: relativo ao porto, neste caso, relativo a Buenos Aires.
recorrer: percorrer.
regresar: retornar, voltar.

LÍNGUA ESPANHOLA

ACTIVIDADES

1 Contesta las preguntas según el texto.
(Responda as perguntas segundo o texto.)

a) ¿Qué países van a conocer Nicole y Bruno?

_____

_____

b) ¿Con quiénes van a viajar?

_____

_____

c) ¿Cómo van a viajar hasta Montevideo?

_____

d) Cuántos días van a quedarse en Buenos Aires?

_____

e) ¿Qué lugar van a visitar en Perú?

_____

f) ¿Qué lugar van a visitar después de dejar Buenos Aires?

_____

g) ¿En qué país quedan las ruinas Mayas?

_____

h) ¿Cuánto tempo van a viajar?

_____

Argentina

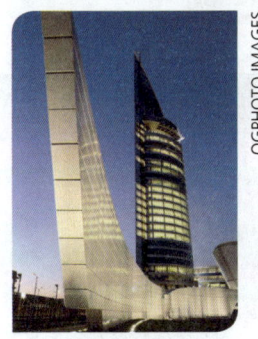

Uruguay

México

Perú

Chile

Venezuela

Bolivia

Vamos a conocer el futuro.
(Vamos conhecer o futuro.)

Cuando queremos hablar del futuro, podemos usar el verbo **ir** de la siguiente manera:

Yo	voy	a viajar para la playa.
Tú	vas	a pasear en el zoo.
Él/Ella/Usted	va	a conocer mi casa nueva.
Nosotros	vamos	a hacer una torta.
Vosotros	vais	a recorrer el barrio.
Ellos/Ellas/Uds.	van	a visitar el museo.

Nosotros vamos a visitar a nuestros abuelos.

Voy a pasear, a conocer otras culturas y a hacer muchos nuevos amigos.

Victor y Laura van a jugar con la pelota en la playa.

2 Vamos a practicar el futuro con el verbo **ir**. Sigue el modelo.
(Vamos praticar o futuro com o verbo **ir**. Siga o modelo.)

> **Modelo:**
> Jugar
> A: ¿Qué **vas** a hacer mañana?
> B: **Voy** a jugar al fútbol.

a) Ver una película
   A: ¿Qué vas a hacer el viernes?

   B: _____
   _____.

b) Andar de bici
   A: ¿Qué van a hacer el fin de semana?

   B: _____
   _____.

c) Estudiar Matemáticas
   A: ¿Qué van a hacer hoy por la tarde?

   B: _____
   _____.

d) Ir a la playa
   A: ¿Adónde vais el sábado?

   B: _____
   _____.

3 Di qué van a hacer estas personas. Usa el futuro con el verbo **ir**.
(Diga o que vão fazer estas pessoas. Use o futuro com o verbo **ir**.)

acostarse temprano   ver el partido de fútbol

lavar la ropa   levantarse tarde

a) Van a _____.

b) Va a _____.

c) Va a _____.

d) Va a _____.

4 Ordena las palabras para formar una frase.
(Ordene as palavras para formar uma frase.)

| a | padres. | pasear |
| con | mis | Voy |

a) _____

| en | español | estudiar |
| a | escuela. | Vamos | la |

b) _____

| ¿Vas | fútbol | a | al |
| la | por | jugar | mañana? |

c) _____

5 Escucha y canta el "Cumpleaños Feliz".
(Escute e cante Feliz aniversário.)

En cada cumpleaños que hay que festejar
Cantamos todos juntos para celebrar
Una canción alegre que feliz hará
A quien se la cantemos y que **empieza** ya

¡Que los cumplas feliz!

¡Que los cumplas feliz!

¡Que los cumplas Maite,

¡Que los cumplas feliz!

¿Cuándo es tu **cumpleaños**?

Es el 10 de noviembre.

¿Cuántos años vas a cumplir?

Voy a **cumplir 10 años**.

VOCABULARIO

cumpleaños: aniversário.   **cumplir 10 años:** fazer 10 anos.   **empieza:** começa.

6 Vamos a organizar una fiesta de cumpleaños. Completa las frases.
(Vamos organizar uma festa de aniversário. Complete as frases.)

> **Modelo:**
> Juan **va a comprar** el regalo de cumpleaños.

a) Yo _____ las invitaciones por correo. **(mandar)**

b) Luisa _____ la torta. **(hacer)**

c) Pedro _____ las velitas. **(comprar)**

d) Ana _____ las gaseosas. **(traer)**

e) María _____ las decoraciones de la fiesta. **(hacer)**

f) Nosotros _____ Cumpleaños Feliz. **(cantar)**

g) José y Cristina _____ los dulces. **(hacer)**

7 Ilustra cómo imaginas que va a ser tu fiesta de cumpleaños. Ve a la página 119.
(Ilustre como você imagina que vai ser a sua festa de aniversário. Vá para a página 119.)

8 ¿Qué vamos a hacer la próxima semana? Completa el cuadro abajo.
(O que vamos fazer na próxima semana? Complete o quadro abaixo.)

Lunes
Ir a la escuela
Jugar con los amigos
Jugar al fútbol
Ver **tele**
Visitar a mi **abuela**
Bañar al perro
Jugar básquet

Martes
Hacer las tareas
Estudiar
Escuchar música
Arreglar la cama
Bañarme
Descansar
Ir a la escuela

Lunes — mañana / tarde / noche

Martes — mañana / tarde / noche

VOCABULARIO

abuela: avó. **arreglar:** arrumar. **tele:** TV.

9 Presenta tu rutina para los próximos días.
(Apresente sua rotina para os próximos dias.)

Miércoles

mañana
_____   _____
_____   _____

tarde
_____   _____
_____   _____

noche
_____   _____
_____   _____

Jueves

mañana
_____   _____
_____   _____

tarde
_____   _____
_____   _____

noche
_____   _____
_____   _____

REVISIÓN

Aprendiste:
(Você aprendeu:)

- Uruguay y sus paisajes:

    el acantilado   la playa   el océano
    la llanura   el río   la isla

- El Pretérito Indefinido, y sus adverbios de tiempo.

    Ejemplo: Ayer **hice** una ensalada de frutas.

- El Pretérito Perfecto y sus adverbios de tiempo.

    Ejemplo: ¿Qué **han hecho** esta semana?

- a hablar del futuro con el verbo Ir;

Ir	+ a +	verbo principal
Voy	a	comer una pera.
Vamos	a	estudiar español.
Van	a	jugar al fútbol.

- a cantar el "Cumpleaños Feliz".

1 Completa las frases con el pretérito más adecuado.
(Complete as frases com o pretérito mais adequado.)

a) Ayer / comer pizza / yo

_____

_____

b) En enero / ir de vacaciones a Bahia / nosotros

_____

_____

c) La semana pasada / visitar a los amigos / María y Juan

_____

_____

d) Hace una hora / estudiar biología / ella

_____

_____

e) Esta semana / hacer la tarea / tú

_____

_____

2 ¿Qué vas a hacer en tus próximas vacaciones? Cuenta adónde vas, cómo vas y con quién vas.
(O que você vai fazer nas próximas férias? Conte aonde, como e com quem você vai.)

_____

_____

_____

_____

_____

_____

_____

_____

_____

_____

3 ¿Te gustaran los países latinoamericanos presentados? Elige algún otro y arma un cartel.
(Vocês gostaram dos países latino-americanos apresentados nesse livro? Escolha algum outro e monte um cartaz.)

GLOSARIO

A

abarcar – abranger
acantilado (el) – escarpado
acuático – aquático
adelanto (el) – avanço
además – além de
ala delta (el) – asa delta
amable – amável; simpática
amarillento – amarelado
amenazados – ameaçados
anteayer – anteontem
autobús (el) – ônibus
abuelos – avós
ayer – ontem

B

ballenas – baleias
bella – bela
bloque (el) – bloco
brasileño – brasileiro
buceador (el) – mergulhador
buceo (el) – mergulho

C

cantante (el/la) – cantor
carrera – corrida
casco (el) – capacete
Centroamérica – América Central
centro arqueológico (el) – centro arqueológico
chaleco salvavidas (el) – colete salva-vidas
cielo (el) – céu
cientos de miles – milhões, muitos
coche – carro
coral (el) – coral
cine – cinema
cordillera – cordilheira
corona – coroa
costumbre (la) – costume
cueva (la) – caverna
cuy – roedor parecido com o preá
cumpleaños – aniversário

D

dejar – deixar
deporte (el) – esporte
desarrollar – desenvolver
descubrimiento (el) – descobrimento
doble – duplo
dulce – doce

E

empezar – começar
emplear – empregar
encuesta (la) – pesquisa
enfriar – esfriar
enmantecada – untada
ensalada de frutas (la) – salada de frutas
equipo (el) – time, equipe
espolvorear – polvilhar
estirar – esticar
estupenda – fantástica

F

fútbol (el) – futebol

G

gentilicio (el) – nacionalidade, gentílico
gimnasia (la) – ginástica
goma (la) – borracha
guanacos – camelídeo da família da lhama

H

hacia – em direção a
harina – farinha
hasta – até
hielo (el) – gelo
hincha (el/la) – torcedor/a
holgar – folgar; ser desnecessário
horno – forno

I

invitación (la) – convite
isla (la) – ilha

K

kayak (el) – caiaque

L

lancha (la) – bote
lástima (la) – pena
leche – leite
leyenda (la) – lenda
lila – lilás
llanura (la) – planície
llegada – chegada
lobo marino (el) – lobo-marinho

M

manteca (la) – manteiga
mestiza – mestiça
mezcla (la) – mescla, mistura

N

molido – moído
ñandú (el) – ema

O

océano (el) – oceano
ómnibus (el) – ônibus
orilla (la) – beira

P

pajarillo (el) – passarinho
partido (el) – jogo, partida
pastel (el) – torta
peces (los) – peixes
película (la) – filme
piedra (la) – pedra
pingüino (el) – pinguim
pintoresco – pitoresco
playa (la) – praia
población (la) – população
polvo de hornear (el) – fermento em pó
pote de vidrio (el) – pote de vidro
precolonial – pré-colonial
prueba (la) – prova
pulido – polido

Q

quedar – ficar

R

ralladura (la) – raspa

raza (la) – raça
recomendación (la) – recomendação
recorrer – percorrer
redacción (la) – redação
regalo (el) – presente
relieve (el) – relevo
rica – gostosa
rocoso – rochoso
rosal (el) – roseira
rumbo – rumo
ruta (la) – rota; estrada

S

salvaje – selvagem
se marcharon – foram embora
senderismo (el) – caminhada, *trekking*
someter – submeter
Sudamérica – América do Sul

T

tamizar – peneirar
tejado (el) – telhado

telefonear – telefonar
tiburón (el) – tubarão
todavía – ainda

U

útil (el) – utensílio

V

vacuna (la) – vacina
vuelo sin motor (el) – planador

Y

yema (la) – gema

> Amiguinhos, nas próximas páginas vocês encontrarão os complementos que serão utilizados em várias atividades deste livro.

ACTIVIDADES COMPLEMENTARIAS

LAS BANDERAS LATINOAMERICANAS

✂ Cortar

ACTIVIDADES COMPLEMENTARIAS

ACTIVIDADES COMPLEMENTARIAS

Cortar

LAS BANDERAS LATINOAMERICANAS

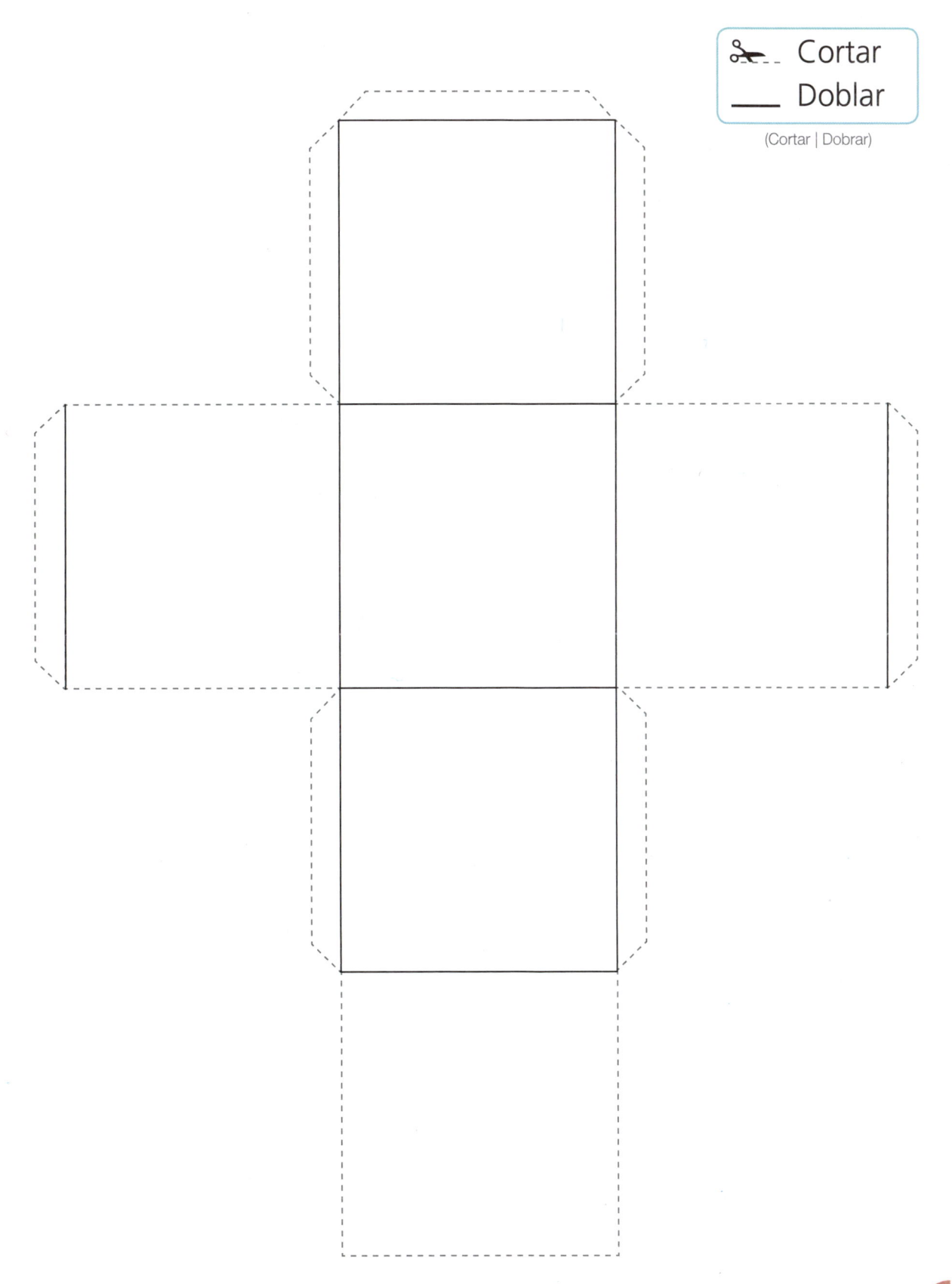

✂ Cortar
___ Doblar

(Cortar | Dobrar)

ACTIVIDADES COMPLEMENTARIAS

Parte integrante da Coleção Eu gosto m@is - Língua Espanhola 4º ano - IBEP.

EL BUCEADOR EN EL FONDO DEL MAR

ACTIVIDADES COMPLEMENTARIAS

✂ Cortar

ALIMENTOS ORIGINARIOS DE AMÉRICA

✂ Cortar

- maní
- manzana
- tomate
- coliflor
- banana
- papa
- mandioca

✂ Cortar

ACTIVIDADES COMPLEMENTARIAS

durazno

maíz

cebolla

cacao

ají

lechuga

poroto

vainilla

Parte integrante da Coleção Eu gosto m@is - Língua Espanhola 4º ano - IBEP.

117

FIESTA DE CUMPLEAÑOS

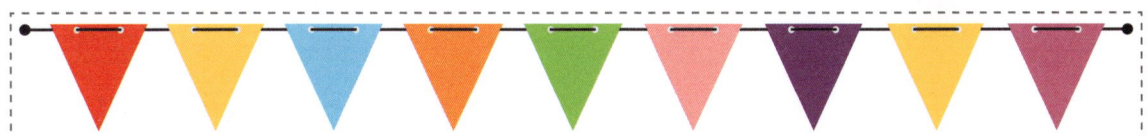

✂ Cortar

ACTIVIDADES COMPLEMENTARIAS

Parte integrante da Coleção Eu gosto m@is - Língua Espanhola 4º ano - IBEP.